县域包容性公共政策研究：
以宁波市鄞州区为例

李　锋　著

ZHEJIANG UNIVERSITY PRESS
浙江大学出版社

图书在版编目(CIP)数据

县域包容性公共政策研究:以宁波市鄞州区为例
/ 李锋著. —杭州:浙江大学出版社,2022.11
　　ISBN 978-7-308-23263-0

　　Ⅰ.①县… Ⅱ.①李… Ⅲ.①地方政府－公共政策－
研究－鄞州区　Ⅳ.①D675.54

中国版本图书馆 CIP 数据核字(2022)第 213640 号

县域包容性公共政策研究:以宁波市鄞州区为例
XIANYU BAORONGXING GONGGONG ZHENGCE YANJIU:YI NINGBO SHI YINZHOU QU WEI LI
李　锋　著

责任编辑	范洪法　樊晓燕
责任校对	黄梦瑶
封面设计	雷建军
出版发行	浙江大学出版社
	(杭州市天目山路 148 号　邮政编码 310007)
	(网址:http://www.zjupress.com)
排　　版	浙江时代出版服务有限公司
印　　刷	杭州钱江彩色印务有限公司
开　　本	710mm×1000mm　1/16
印　　张	14
字　　数	229 千
版 印 次	2022 年 11 月第 1 版　2022 年 11 月第 1 次印刷
书　　号	ISBN 978-7-308-23263-0
定　　价	59.00 元

序

　　党的十八大以来,习近平总书记对国家治理体系和治理能力现代化进行了全面的部署。基层治理是国家治理的基础,而县域是基层治理的重要统筹层级。就纵向的国家治理体系而言,从中央到省到县的治理,其主要治理特征为"职能同构";就横向而言,县域政府之间存在着"区域竞争"。职能同构是一种自上而下一贯的治理职能传导机制,是为了确保中央政府各项政策的逐级落实,而区域竞争则又允许地方政府根据区域的实际进行相应的创新。区域竞争给县域预留了行政自主权。"分税制"保障了这种自主创新的财力支持。对于这种行政机制,学术界有不同的观点。但是,总体来说,这种治理结构将刚性的行政传导与柔性的区域创新相结合,促进了县域经济的发展以及县域公共品的供给。这种县域治理模式具有普遍性,且是有效的。

　　东南沿海地区的县域,许多都经历了从"农业县"到"工业县",再到三产集聚、城镇建设大幅推动的城市"区"的嬗变。现在的鄞州区,即原来的鄞县,其发展也基本上经历了这个过程:从农业强县到工业强县,2002年撤县建区,2016年又进行了行政区划的调整,原鄞西的区域划归海曙区,变为现在的鄞州区,具有县域发展的代表性。这个变化过程反映了中国的城市化进程,即由乡村一元结构变为城乡二元结构,再对城乡二元结构进行统筹。在国家机制中,有宏观层面大政策的统筹,而在县域场景中,也存在一个相对微观层面的城乡统筹。县域政府的行政自主权,可以使其在县域政策的制定上,局部性地解决二元结构问题。鄞州区2007年推出老年人养老补助、残疾人生活补助、十二年教育免费的公共品供给机制,2008年提出"幸福民生40条",普惠于农村,同时在农村公共卫生、公共文化建设、村居改造等方面也投入了大量的资金,着力于从县域层面推动城乡融合。鄞州区的诸多探索是具有领先性的,是我们观察县域公共政策嬗变的重要样本。

　　"包容"(inclusive)有时也翻译为"普惠"。翻译为"包容"的意涵要远比

"普惠"丰富。"包容性发展"是发展经济学的重要议题。从联合国的标准来说，其指的是包括 GDP 增长指数、人类发展指数、社会发展指数、社会福利指数、幸福指数在内的全面发展。当前在浙江高质量发展建设共同富裕示范区的大背景下，包容性问题的研究尤其具有理论及实践价值。县域层面城乡统筹即涉及"包容性城市化"（inclusive urbanization）问题。政府在推动城乡融合中，需要将诸多的因素"包容"进来，初期只是考虑地理空间、经济形态上的城市化，而后续的问题则愈来愈复杂，如城乡居民的福利、社会融合、文化观念等，乃至在治理机制上，针对农村型社区、城市型社区、混合型社区（城中心、拆迁安置型社区）都有不同的匹配形式。

李锋的专著《县域包容性公共政策研究：以宁波市鄞州区为例》，以问题为导向，引入系统性的学理思考，有三个方面的定位：

（1）公共伦理的维度，即将"包容性"视为一种公共伦理。每一项公共政策都体现了一种公共伦理的取向。县域自主设定的公共政策也是需要以公共伦理作为其中的引导。包容性的伦理取向是将社会中的特定群体"包容"到社会公共福利体系之中，使其能够共享发展的成果。针对农民群体的"普惠"，并不是一种政策的赐予，而是一种补偿，因为县域作为一个行政层级，其城乡之间的利益是相互捆绑的，是一个利益的共同体。这种县域的"利益共同体"视角也适用于县域农民工公共政策的伦理分析：农民工参与发展"共建"，可以"共享"区域发展的部分红利。包容性公共政策是以"城乡共同体"伦理为内核的公共政策。

（2）横向包容的维度，即"包容性"是将与城乡统筹相关联的政治、经济、社会、文化、生态的各个方面包容进来，2007 年鄞州区推出的"全面实施竞争力提升、新农村建设、和谐区创建三大行动纲领"，将经济发展的"创新创优"与城乡统筹的"惠民富民"包容起来，使城乡统筹发展水平一直位居全省前列。包容性公共政策表现为一个"政策组合"，要通盘考虑相关性的问题。包容性发展是可以有许多的"跨界"的整合，当把农村资源、农民包容到整个发展架构中时，就会产生好的创新效应。在城市周边的农业景观带可以包容到城市的空间体系之中，成为城市创意经济发展的有机组成部分，就这个问题该书中有较多的讨论。

（3）纵向包容的维度，即包容性发展是一个演进的过程。一方面，包容性发展需要一定的发展基础；另一方面，在不同的阶段，包容性发展所要解决的问题是不一样的，所以包容性发展是一个动态的演进过程。包容性公共政策是开放性的,需要向未来开放,预留未来发展的政策空间。同时,公共伦理的维度为包容性公共政策在解决问题时提供了一个"一贯性"的逻辑。县域治理的复杂性在于由"县"变为"区","区"又升格为都市中的现代化"区"。在时序发展中,长期城乡二元结构所带来的发展及制度的"路径依赖",需要更长的时间来完全解决。县域的城乡一体发展是一个长期化的包容过程,尤其是在微观层面的村、社区的治理中。城市社区的精准化、规范化的管理模式可以延伸至乡村,同时,乡村基于熟人社会的协调、协商的治理机制可以导入城市社区,这样,包容性将更能发挥作用。

　　该书作者在鄞州区委党校(鄞州行政学校)工作了十三年,长期从事基层的研究,涉及的面很广,后来又从我读博,将基层微观研究上升到一个较高的理论层面。当前,有关基层治理的研究需要一些长期跟踪的"参与式"的观察、深入的思考,以小见大,这对宏观层面的研究会是一个很好的补充。包容性公共政策的选题很好,但有许多问题可以继续讨论、深入研究。

　　是为序。

浙江大学中国农村发展研究院　　黄祖辉
首席专家、教授、博士生导师

目 录

导　论

　　2006 年的世界发展报告与 2008 年的世界增长报告就已经提出了"包容性"(inclusiveness)的问题。2008 年,世界银行出版了题为《中国城镇化:现状、战略与政策》①的专题报告,论及了中国城镇化中的"不公平性"问题。2009 年的世界发展报告题为《重塑世界经济地理》②。报告第三部分中有一章题为"无拥挤集中:包容性城镇化政策"③。报告首次使用了包容性城镇化(inclusive urbanization)。报告指出,不必等到国家跨入高收入国家行列,居住在最落后地区的人们就已经可以享受基本的公共福利设施了。无空间区别的公共制度确保土地市场的良好运作,保障财产权,提供教育和健康医疗等社会服务,可以成为经济一体化战略的主体组成部分,可以缩小落后地区和先进地区的经济距离。包容性问题已经成为世界银行等世界组织关注亚太地区发展的一个重要议题。从中文的语境来说,实现包容性增长是中国发展的重要内容,发展不仅是增加经济的体量,更是要提高发展的质量。包容性增长广义来说是经济与政治、文化、社会、生态的协调,狭义来说则是指向发展的公平问题——权利均等、弱势群体福利提升等——让经济全球化和经济发展成果惠及所有国家和地区,惠及所有人群,彰显发展为了人民、发展依靠人民、发展成果由人民共享的宗旨。

　　中国的高速发展为世界所瞩目,改革开放前 30 年保持 10% 的增长速度,后 10 年增速虽有所减缓,但仍然保持良好的势头。在城镇化迅猛发展的过程中,中国城市化率由改革开放初期的 13.6% 到 2017 年已经超 58%,处在城镇化发展的中期水平。进入 21 世纪之后,政府所主导的城乡统筹、

---

　　① Shahid Y, Saich T. China Urbanizes:Consequences, Strategies, and Policies[R]. World Bank,2008.

　　② Reshaping Economic Geography[R]. World Bank,2009.

　　③ 英文原文为"Concentration without congestion:Policies for an inclusive urbanization"。世界银行所提供的中文版翻译为"无拥挤集中:和谐城市化政策"。

城乡一体的发展战略有序推进。这是一种具有中国特色的城乡协调发展途径。这个过程，既有制度性的优势，同时也存在一些治理模式与现实情境的匹配度问题。

对城镇化的发展效率与综合绩效的评价，首先体现在对城镇化的认知问题上。究竟何谓城镇化，可以有许多维度的理解与把握（见表 0-1）。

表 0-1　城镇化的内涵①

观点	内容	代表
人口城镇化	农村人口向城市迁移，城市人口比例增加	库兹涅茨、赫茨勒、威尔逊、托达罗
经济城镇化	农村经济形态转向非农经济形态	赫希、克拉克
生活方式城镇化	乡村生活方式向城市生活方式发展、质变的全过程	沃斯、孟德拉斯
综合的观点	空间、产业、社会、文化、价值观等多方面的城市化	罗西、弗里德曼
制度城镇化	城镇化是农村和城市制度的变迁，是城市制度对农村制度的部分替代	辜胜阻和李正友、刘传江

制度城镇化或者说政府在场的城镇化，更具有中国特色。抛开利维坦主义的假定，我们要正视政府参与的城镇化在资源统筹、发展推动中的作用。但问题也同样存在：从地方政府职能、任务的同构性特征上说，地方政府极容易在某些特定"项目"上产生模仿与竞争，导致城镇化的物化特征越来越明显，而对于农村居民的福利改善并不明显或处于比较劣势地位。基于理性经济人的假定，对于行政主导下县域政府的公共品供给，地方政府可能会倾向于提供短期效应明显、容易定量识别（便于绩效考核）的公共品，存在供需错位、供给低效，甚至失效的潜在风险。我们要去考察在数字城镇化背后资源、要素等诸多投入（供给）究竟是如何推动城镇化的相关主体的福利改善与权利提升的。

包容性问题的核心是人。回归到"人"，这是笔者在基层党校开展科研所关注与研究的重要聚焦点。与高层学术机构在数量经济关系之中透析城

---

① 刘洁泓.城市化内涵综述[J].西北农林科技大学学报（社会科学版），2009,9(4).

镇化的发展所不同,笔者始终将研究的落脚点置于具象的人上面。人的福利与权利的改善与提升是包容性问题的关键点。本书将以此为基点,切入对公共政策问题的研究。当前对公共政策的研究以政策绩效评估为导向,公共政策的伦理分析相对较少。本书设定的包容性公共政策问题包括三个方面。

首先,从最基础的层面,即公共政策分析来说,本书提供了一种伦理分析的视角,即在考虑公共政策制定、执行以及公共资源的投入时,要将利益主体"包容"进来,特别是要将居于相对弱势地位的群体"包容"进来,体现公平正义。

其次,公共政策体系要匹配于人的需求实现。人的需求是全面的,涵盖政治、经济、社会、文化、生态的方方面面,人的福利改进与权利保障是公共政策的目标导向,这就需要从系统观的角度来设定公共政策。

最后,从公共政策的选择策略或技术方法来说,在具体的实践领域,政府可以是公共品独立的供给者,也可以选择由营利组织或非营利组织来供给,甚至可以选择不直接供给产品而以赋权的形式来提升其综合的福利水平等。

上述问题具体化为本书的四个方面。

1. 包容性公共政策的价值维度:益贫倾向

任何的公共行为都会指向相应的价值逻辑,即是公共政策的出发点。包容性本身就是带着一种价值的含义。广义来说,它指向政治、经济、文化、社会、生态的协调性;狭义来说,它则是弱势群体,如在县域的城镇化推进中的农民、农民工群体如何参与发展、共享发展成果。益贫(pro-poor)是狭义的包容性表达。在财政收入既定(有限)的约束之下,大包大揽的福利提升难以维系,所以益贫是公共政策设定的价值导向。按照罗尔斯的正义原则,政府的主要宗旨在于促进社会的机会公平,同时确保对弱势群体的保护。在财政收入快速增长时期,普惠式的公共投入是一种常见的形式,但是政府单方的投入所造成的供需关系的扭曲与异化,使得这种投入机制低效,甚至无效,并形成了公共品供给市场,当然这个过程可以是一个立法程序或者协商机制。另外的一种策略还可以是财政机制的转化——藏富于民(减少政府的收益获得),而将工作的重心置于弱势群体上。

2.包容性公共政策的整合框架:融合发展

在物化的城镇化推进中,外在的表达呈现为乡村形态的城镇化改造或者城镇化指标的货币化度量。这种物化的导向会削弱这种包容性的延展,在乡村城镇化过程中,出现环境污染问题加剧、乡土气息丧失、乡村新建筑与乡村文化生活不匹配,甚至在新村建设中埋下不稳定的因素等问题。物化的城镇化,只是在物质的单向维度上呈现城镇化的形态,但是其内里却相去甚远。包容性指向于弱势群体,从人的"可行能力"出发而拓展,则个体的生态、文化、社会(政治)权益的包容也是不容忽视的问题。包容性的价值在于益贫,这种益贫机制的实现在于建构的框架。

3.包容性公共政策的治理形态:系统治理

管理与治理的分野在于,治理是全域的系统性协调。政府行为(公共政策)是嵌入在具体"场域"之中的,离开这种场域就很难来谈论这种政策的有效性。在不断扩张的公共品供给中,政府的内部市场在不断地膨胀,政府主导的公共品供给模式"挤出"了外部市场的有效资源配置。系统治理是这种大情境的回归,回到政府的多元关系网络中,在一种全域社会性协作中来重新定位政策的治理模式。在治理模式中,政府与社会组织、社会机构的互动、协作显得尤为重要。推动政府在场的社会运作模式的形成,更能体现中国特色的治理智慧。

4.包容性公共政策的行政边界:政策导入

包容性并不混淆政府与社会、政府与市场的边界,公共政策要体现其公共性,而不是在无边界的扩张中越俎代庖。治理智慧在于一种引导,而非干预,直接的干预,最终会挤出社会、市场的作用。包容性所要重构的另外一种治理模式——政府从福利的直接供给者转为权利的间接供给者——让现在的弱势群体、弱质部门在赋权的前置条件下成为具备市场竞争能力的主体,在社会、市场的竞争中获得与其权利相对等的福利。从这个维度来说,包容性指向于赋权。

鄞州自 2002 年撤县设区,2017 年又完成新一轮的行政区划调整,这个过程是城镇化极速发展的过程。从全国范围来看,鄞州是率先提供农村老年人养老补贴、12 年教育免费的。在浙江省范围内鄞州数年连续被评为浙江的城乡融合发展示范区。在这个过程中,有诸多可圈可点的先进经验,同样也有一些可以进一步探索创新的领域。撤县设区后,鄞州的管理、财政体制依然沿袭"县"的模式,具有很强的行政自主权,所以依然具有典型的"县域"特征。把鄞州作为个案研究,是具有典型性的。

第一篇　益贫倾向：
包容性公共政策的价值维度

第一章　县域公共品供给中的理念创新

　　鄞州的公共服务均等化工作一直走在全国的前列。在最近几年鄞州的财政支出中,近七成的份额流向了民生领域,率先在农村社会保障、教育、医疗等惠民举措上有所突破。鄞州区第十三次党代会极具创见地提出要推动民生幸福从"人均享有"向"人人享有"提升,努力建设人人安居乐业的"幸福家园"。众所周知,单纯依靠"人均"数据往往难以反映区域内社会成员真实的社会福利水平[①],社会中那些需要获得帮助的特殊群体及弱势群体的实际境遇往往会被淹没在简单的数据之中。从"人均"到"人人",就是要突破"人均"数据的假象与局限,以"个体"的"人"(或特定群体)为制定政策的逻辑内核,将公共服务发展战略的目标对象锁定在"需要群体"(needy group)。这一战略理念在引领与深化公共服务惠民工程建设上具有里程碑的意义。

　　遵循"人人享有"的指导理念,则是要让群众人人共享公平、优质的公共服务资源,这就离不开对于群众实际需求的研究。2010 年第六次全国人口普查的鄞州区数据对于鄞州区深化公共服务供给的决策极具参考价值。本章以观念创新作为统筹与引领,立足于现有统计数据,深入分析人口结构的现状及趋势,对鄞州区公共服务的提升机制做出了一个较为系统、全面的探讨与建议,以期能服务于"质量新鄞州"发展战略的整体布局。

第一节　创新理念,
打造"人人享有"的区域公共服务特色品牌

　　行动创新的前导是理念的创新。在研究公共服务之前,我们必须从公

---

　　① 在统计上,有时候用中位数,即将收入按照从富裕到贫困进行排序,取最中间的那个数来衡量区域发展的实际水平。但在现实操作中存在一定的难度。

共服务的学理出发，进行理念上的创新，这样才能够统领我们的制度创新、机制创新。

要进行理念的创新，我们首先要去关注当前公共服务供给中所存在的主要问题。以打造总量指标、平均指标的政绩效应为导向的公共服务在很大程度上与目标受益群体的实际需求之间存在着极大的偏差。从目前我国的公共服务供给现状看，"自上而下"的决策及服务机制是主流。而这种"自上而下"的公共服务决策机制，会在一定程度上导致供给与需求之间的偏离[①]，出现一系列的供求结构的失衡，表现出在供给内容上不匹配、供给方式不适当、供给机制单一、在供给导向上重建设轻管护等方面的问题[②]。另外，在财政资源有限的条件限制下以及上级考核指标多样化的要求下，公共服务均等化的"公平性"（fairness）很难体现，易识别、易见效的项目被作为重点的项目来推进，以硬件的建设、项目的包装作为工作重心，因此也导致了许多公共资源的闲置与浪费。

"人人"与"人均"的不同之处在于，前者是以科学发展为指导的，政策设定的基点是微观个体的福利改善，而不是一个整体性、平均性的指标提升。鄞州在这一方面已经有很大的突破，其老年人养老补贴、残疾人养老补贴等一系列惠民政策就是很好的例证。因此，在新的时期，继续突破我们的观念，在"人人享有"这一命题的基础上，深度挖掘，可以更好地指导我们的工作。从理念创新层面，我们要分析一些工作中的不足，也要突破一些思维上的局限，其最终目标在于开拓创新，继续走在前列。当然，创新理念也有利于我们打造一个"人人享有"的区域公共服务的特色品牌，在公共服务供给方面探索一个可供借鉴的"鄞州模式"。

具体的理念创新，可以包括四个方面。

一、公共服务的对象：从"普惠"转向"益贫"

我们对于均等化，在一定程度上存在着某种惯性的认识，从而导致在设定的行政（或地理）区划内的同质化与模式化，某种程度上造成了公共资源

---

① 李晶.农村公共物品供给短缺的形成机理探析[J].农村经济，2009（9）.
② 林万龙.中国农村公共服务供求的结构性失衡：表现及成因[J].管理世界，2007（9）.

的闲置与浪费①,而事实上,均等不是"大锅饭"。因此,"人人享有"的公共服务供给不是将区域的财政资源平均分配到每个社会成员手中,而是要有所取舍,有所侧重。由此,我们需要从"公共品"的定义上来入手,突破我们对于区域公共服务的认识。

县域公共服务属于一种形式的"公共品"。公共品的定义可从非排他性(non-excludability)与非竞争性(non-rivalry)两个方面的特征去界定。这一概念很多时候是一个技术性的定义。在很大程度上,私人用品与公共品之间是可以转换的。如"基础教育"可以是一种私人产品,而现在基础教育在很大程度上被视为一种公共品。鄞州已经将免费的义务教育从9年延伸至12年。在经济学的一般认知中,公共品的供给是在私人供给失效的情况下的一种"替代",而事实上,现代在处理"公共品"问题上(至少在实践层面),很多时候是基于一种道德或是伦理秩序下的认识(包括执政理念的"传递")。这种公共品,实质上已经转化为一个"福利产品"(worthy goods),即将那些被认为"有价值"的提供给社会成员的私人品转化为一种由集体(地方财政)提供的公共品②。

我们在界定"公共品"的时候,要从两个维度去考察:一是典型的"集体产品",如区域内的道路等公共设施、道路保洁等;另一是典型的"福利产品",如生活补贴、医疗补助、教育补助、儿童营养补助等。对于前者,我们主要倡导"普惠",对于后者则主要倡导"益贫"。"包容性"问题已经成为发展中国家的一个重要发展理念,即要让社会弱势群体融入发展进程,享受发展的成果。"普惠"是全民性的,而"益贫"则是针对目标群体的。这种益贫模式,旨在推进"同一性公平"③。在公共财政约束之下,在解决社会福利问题上,"益贫"发展能够充分体现公平性,将社会中的弱势群体导入(access to)发展,实现"人人享有"的战略定位。所以,"人人享有"的公共服务均衡化模式的重点与特色在于帮助那些在融入社会、享受社会平均福利方面有困难的群体享有一个基本的生活水平。

从鄞州的实践来看,其这些年推出了"普惠制"的农村老年人生活补助,

---

① 针对新农村建设的同质化标准,不同行政村、社区的实际情况是不一样的,但是对于其考核所设定的标准则基本上相似,未能很好地考虑实际情况。

② 萨瓦斯.民营化与公私部门的伙伴关系[M].北京:中国人民大学出版社,2002:59—60.

③ 易小明,曹晓鲜.正义的效率之维及其限度[J].哲学研究,2011(12):105—108.

极大地提升了老年人的生活水平。但是随着老龄化程度的加剧,政府的财政负担也会不断加重。在有限的财政资源的限制下,从"普惠"转向"益贫",一则可以减轻财政负担,二则可以让弱势群体获得更好的公共服务(更多资源流向有需要的群体)。因此,对于鄞州来说,我们要向区分两种意义上的"公共品"概念,在提供"普惠"的"集体产品"的同时,重点要建构以"益贫"为导向的"福利型"公共服务供给体系。

本书对于公共服务的研究沿着从"福利产品"向益贫发展的思路展开。在我们确定了"人人享有"概念的基本定位之后,我们还要在实现机制上进行观念性的突破。

二、公共服务的内容:从"分散"转向"整合"

在当前的行政体制下,地方政府的行政职能划分是参照中央政府的行政职能(责)来进行的。这是典型的"职责同构",即在纵向行政体系中,各级政府在职能(责)和机构设置上保持高度的一致性[①]。刘玮认为,公共支出是受到资源配置结构与合作规则结构的双同构作用影响的[②],我们不能单纯地看到经济学上的配置效率,还要留意一种政治学意义上的规则结构。在财政支出的份额确定及分配中,形式上是体现了一种集体选择(社会选择)的结果,而事实上,很多时候体现了中间人的偏好。所以,职能(责)同构往往会造成行政体系各部门(单位)要求按照上级所设定的职责权限来获得相应的"公共支出"份额,并由此来安排部门工作。对于区域的综合考核又是以行政体系各部门(单位)的工作综合作为重要依据的,这就导致公共财政资源的配置将尽力满足各部门之间的"平衡"作为一个重要的基点。

这种财政的配置格局使得公共品的供给存在多头补贴的现象。行政层面的各职能部门(单位)之间各自为政,以满足上级同构部门的考核为重点。因此,在实际的运作中,人人享有福利导向的公共服务的结果是,有需要的个体或家庭必须向相应的部门(单位)申请"单项"的支持,以获得比较有限的资源,而那些有些社会资本、相对比较富裕的个体或家庭,则重复获得补

---

① 朱光磊,张志红."职责同构"批判[J].北京大学学报(哲学社会科学版),2005(1).

② 刘玮.双重同构:公共支出结构的实质——兼论公共支出结构研究范式[J].贵州社会科学,2012(8).

贴。这就造成了公共服务供给的不公平。从职能同构出发,部门的公共服务造成服务内容的"碎片化",很分散,难以整合。以受益家庭为单位,整合各类部门的资源,形成一个系统、持续的社会福利(公共服务)支撑体系①。

从鄞州的实际来看,民政部门、农林部门、文广部门、卫生部门、人社部门等职能部门提供一些福利性的公共服务(补贴);各镇乡(街道)也承担相应的公共服务;妇联、残联、工会、慈善总会等机构也有相应资源②。受益者(家庭)所享受的是基于行政系统各自的福利(服务),而没有一个较为全面的工作机制以及工作平台(载体)。

三、公共服务的供给:从政府转向社会

公共服务供给的社会化是公共服务发展的趋势。新公共管理运动所推动的"社会治理"模式,要求公共服务的参与主体从政府转向社会。所谓社会化,其实质上是供给的市场化、民营化(privatization)。

政府在社会化的供给模式中,扮演了一个"组织者"、"监管者"(monitor)的角色。公共服务的社会化架构所涉及的参与主体主要有政府、社区、社会组织(非政府、非营利组织)、专业化的社会服务企业(营利组织)等③。从其组织形式上来说,"社会化"要求除了政府直接提供服务之外,还要通过合同外包、补贴、企业资助等多种形式来提供服务④。

"社会化"有一些显而易见的优势,即可以提高对目标受益群体的响应能力,降低成本,减少政府的投入。但"社会化"也并非如某些专家所鼓吹的那么尽善尽美。在实践层面,市场化或是民营化并不一定可以促进竞争,因为实际上能提供社会服务的企业、非营利机构的数量是有限的,同时在履约过程中,还会增加监管的难度及成本。这种政府与市场(社会)的合作模式,

---

① 从长远看,这需要推进政府职能的转化,结构化改革是这种职能转化的依托。从短期看,则是在县域政府层面建立一种工作机制来推进这种资源的整合。

② 妇联、残联、工会的资金来源主要还是财政。

③ 潘鸿雁. 公共服务社会化的三方合作研究——以上海市徐汇区养老服务社会化为例[J]. 中共中央党校学报,2010(1).

④ 艾伦·罗森伯姆,孙迎春. 公共服务中的政府、企业与社会三方合作[J]. 国家行政学院学报,2004(5).

容易产生"寻租"，滋生"腐败"，对公共安全来说也会有潜在风险①。从"政府"转向"社会"，需要在法制层面有一些全面的建构，既要适当引入、培育市场及社会力量，同时也要强化监管机制，提升服务绩效。

鄞州已经在探索"政府主导，社会参与，市场运作"的公共服务社会化模式。以居家养老体系建设为例，鄞州目前在市场化机制下以"购买服务""合同外包""委托"等多种形式引入了 5 家家政服务机构，同时采用了"邻里互助""时间银行"等服务模式，逐渐拓宽居家养老服务功能。

四、公共服务的形式：从"宏观"转向"微观"

传统公共服务的形式是从"宏观"层面的政策体系出发，设定相应的标准，使符合条件的人享受这一服务。但是，事实上，公共服务的需求是多元的，其个体差异性很大，即便是同一类受益主体，其服务要求也是不同的。从宏观把握出发，公共服务的供给形式更多是以货币、实物性质的补贴为主，而没有从"个体"福利的角度去设定服务的形式。

"微观"层面的政策体系则是导入一种"社会工作"的模式，以服务的"个体"作为政策的基点，量身定制对某一特定群体乃至某一家庭的服务内容，其服务在供给形式上更能够贴近目标群体的实际需要。从"宏观"到"微观"这是一个趋势。现在我们的一些村和社区工作人员已经在向"社会工作者"转化，因此，其工作的内容不仅是管理社区事务，而且要从微观层面去服务目标群体，使得社会弱势群体真正受益。

健全"社会工作者"制度，是微观政策设定的关键。中国的社会工作制度的嵌入性很明显②，社工制度作为一个正在探索的机制，是由区域的公共财政支付专业社工薪水的。因此，让社会工作者成为导入宏观政策系统的"媒介"，由专业社工协助弱势群体获得相应的公共服务及公共资源，构建起一种微观层面的支撑服务，也可以是区域政府探索的一种机制。通过这种机制，改变公共服务的形式，从政策体系转向服务体系，从物质支持转向服务支持。

近些年，鄞州区不断出台政策以加强社区专职工作者队伍建设，着力提

---

① 石国亮. 公共服务合作供给的生成逻辑与辩证分析[J]. 江海学刊，2011(4).
② 王思斌. 中国社会工作的嵌入性发展[J]. 社会科学战线，2011(2).

高社区工作者的职业化、专业化水平。截至目前,在全区的社区专职工作者中,取得助理社会工作师资格的有 58 名,取得社会工作师资格的有 10 名。但是,社区专职工作者在职能上还是没有很好地与我们所倡导的"微观"服务形式有机结合,切实为社区弱势群体争取公共服务资源。

第二节 创新内容,
聚焦以"福利产品"为导向的公共服务体系建设战略

在"益贫"发展的框架下,我们要从提供"福利产品"的视角,重新识别需要我们提供服务的目标对象以及服务的内容,实现一种供需上的均衡。以下是利用第六次全国人口普查的统计资料数据,所作出的一些内容需求的简要分析,中间还涉及部分的现状及问题分析。

一、年龄结构变化与社会化养老服务体系建设

随着生活及医疗水平的不断提高,鄞州居民的预期寿命不断增加。从第六次全国人口普查的数据看,我国人口的预期寿命已经达到 80.24 岁,比 2000 年提高了 4.46 岁,其中,男性为 78.85 岁,女性为 81.76 岁,分别比 2000 年(第五次全国人口普查)提高 5.04 岁和 3.83 岁。按照国际通用的标准(见表 1-1),鄞州的人口老龄化问题已经较为突出,户籍人口的老龄化问题更为突出(见表 1-2)。因此,推进老年群体的社会化养老服务体系建设是当务之急。

表 1-1 国际通用人口年龄类型标准

项目	年轻型	成年型	老年型
少年儿童系数/%	40 以上	30～40	30 以下
老年人口系数/%	4 以下	4～7	7 以上
老少比/%	15 以下	15～30	30 以上
年龄中位数/岁	20 以下	20～30	30 以上

表 1-2　2010 年鄞州区人口年龄结构

项　目	常住人口年龄结构	户籍人口年龄结构
少年儿童系数/%	11.50	11.53
老年人口系数/%	6.67	10.84
老少比/%	58.76	94.00
年龄中位数/岁	35.78	41.66

　　传统的家庭照料模式已经难以为继。鄞州 60 岁以上老年人的预期平均剩余生存年限达到 22.85 年,其中:60 岁以上男性预期平均剩余生存年限为 22.16 年,60 岁以上女性预期平均剩余生存年限为 23.57 年。也就是说,以 60 岁作为基准,对于步入老年期的老年人来说,尚有 20 多年的老年期。这是人的生命中最后的一个阶段。在这个阶段中,老年人的生理机能逐渐衰退,需要获得更多的护理与帮助。但是,随着家庭规模的不断变小以及家庭养老负担的增重,以家庭成员的照料作为老年人获得养老服务的主要方式的传统家庭养老模式,正在逐步瓦解。

　　空巢老年家庭、单身独居老人的数量不断增加,老年人基本上依靠自我照料。第六次全国人口普查数据显示,鄞州 60 岁及以上老年人的家庭户有 100321 户,其中 65 岁及以上老年人的家庭户有 67898 户,占全区家庭户的比重分别为 20.17% 和 13.65%,分别比 2000 年增加 44.91% 和 25.18%。60 岁及以上老年人的家庭户中,老人与子女或亲属在一起生活的占 34.28%,比 2000 年下降了 5.80 个百分点。一对老年夫妻独立生活的占 35.13%,比 2000 年上升了 7.77 个百分点。单身老人占 29.04%。老年空巢家庭比例为 64.17%,比 2000 年上升 4.62 个百分点。老年人的生活照料基本上依靠"自助"(self-help)的模式。

　　老龄人口的机构化养老基本上难以解决。面对当前规模巨大的老年群体,在村、社区推进居家养老服务是一个可选的最佳模式。鄞州已经相继出台了《宁波市鄞州区关于构建城乡全覆盖社会养老服务体系的意见》《宁波市鄞州区居家养老服务站建设实施方案》。公共财政对于日常生活需要半护理或全护理的低收入 70 周岁以上的空巢老人(即月收入低于 2 倍低保标准,含子女收入),按 200 元/月的标准为其购买养老服务。目前,鄞州已经建立了 109 家居家养老服务站,提供的服务内容包括生活照料、医疗保健、日间照料、文化娱乐、体育健身、志愿服务等六大类,并对其进行等级评定,按评定结果进行财政补助。以鄞江镇悬慈村为例,该村先期投入80余万元,新建了300多平方米的居家养老服务站,对村内70周岁以上的113位独居老人、43位空巢老人提供居家养老服务。根据老人的自理能力、家庭收入等,该村对需要养老服务的老人进行了评估,确定了无偿、低偿和有偿三类服务对象,并分别收取每月0元、100元、200元服务费。该村还引入市场机制,将养老服务外包给有资质的家政服务公司。鄞州的社会化养老服务体系建设已经初具雏形,也初显成效,特别是在城乡一体化全覆盖的养老体系建设方面是走在前列的。

根据老年群体的实际需要,设定老年服务的内容,重点锁定困难的老年群体。不同年龄段及具有不同自理能力的老人对于养老服务的需求是不一样的。本文对于年龄段与服务内容作了一个基本的建议,见表1-3。从"人人享有"出发,家境尚可的老年群体要引导其转变养老观念,以低价有偿的形式获得社会化养老服务,政府补助的重点对象是家庭贫困的老年群体(特别是"贫困"的、生活不能自理的群体)。对这个群体的老人,由政府按照贫困程度及实际需要程度购买基本的照料服务费用。

表1-3 老年人年龄段构成比例及服务内容要点(户籍人口)

年龄段/岁	60~64	65~69	70~74	75~79	80~84	85~89	90~94	95~99	100岁及以上
人口数/人	51847	27566	19784	20298	12572	5873	1334	188	16
占总人口比例/%	6.41	3.41	2.45	2.51	1.56	0.73	0.17	0.02	0.00
服务内容要点	家政协助		生活照料		日间托管		特殊护理		
	生活不能自理老人的日间托管与照料								

从内容设定上,公共服务均等化的重点是保障困难群体能享受到能维持其基本生活水平的"基本服务"。以公共财政支出为导向的公共服务的重点是维护困难群体基本的生活服务水平,而高水平的服务供给应该是由市场所提供的。因此,大规模、高规格的养老服务中心建设并不适合整体推进,要考虑更为灵活的形式。在经济不发展的村、社区,可以由村、社区中待业的中年妇女提供服务,这样可以降低公共资源浪费的风险,以及降低成本,还能促进妇女居家就业。

二、家庭结构变化与困难家庭支撑体系建设

现代的家庭结构越来越小，以 2～3 人户为主的核心家庭已经成为当前家庭户的主流，接近总人口的 70％。鄞州各种家庭规模占总家庭户的比重见表 1-4。家庭规模变小，则导致一旦有家庭成员罹患恶疾，对于整个家庭来说，从医药费支付到家庭照料等方面都会有很重的负担。原来大家庭的内部支撑在新的时代难以为继。

表 1-4　家庭规模所占比重 单位：％

年份	1 人户	2 人户	3 人户	4 人户	5 人户	6 人户	7 人及以上户
2000	14.95	29.56	40.12	11.96	2.83	0.45	0.13
2010	19.00	35.61	33.17	8.60	2.99	0.47	0.16

中年女性丧偶未再婚的家庭需要获得更多的支持。10％的抽样长表数据显示，2010 年鄞州区丧偶未再婚人口占 15 岁及以上人口的 3.41％，丧偶后未再婚的女性远远多于男性，性别比为 33.8，具体数据见表 1-5。在 40～59 岁这个年龄段丧偶未再婚的群体为同龄人的 1.84％[①]。这部分人又以女性为主。这些女性丧失了家庭主要男性劳动力，一般又都有未成年或虽成年但在读大学的子女需要抚养，生活比较艰难。

表 1-5　丧偶未再婚人口占同龄人口比重和性别比

年龄组/岁	丧偶未再婚人口比重/％		丧偶未再婚性别比（女＝100）	
	2010 年	2000 年	2010 年	2000 年
15 岁及以上合计	3.41	5.42	33.8	30.5
15～39	0.08	0.18	31.9	35.3
40～59	1.84	2.94	34.4	33.8
60 岁及以上	24.66	32.10	33.7	29.7

---

① 鄞州 2010 年离婚率为 1％，比 2000 年上升了 0.19 个百分点。50～54 岁这一阶段处在离婚的高峰，为 2.03％。实际上，中年女性独自抚养子女的情况要比数据显示的比例更大。

老年人抚养、照料未成年亲属的家庭需要获得更多的支持。数据显示，60岁及以上老人户与未成年亲属共同居住的有481户（占比为0.48%）。从数量上来说这一群体数量不大，但是这样的家庭需要获得更多的帮助与支持。

残疾人家庭需要获得居家的支持服务。在目前鄞州区公布的《宁波市鄞州区第六次人口普查资料（简要本）》中并未涉及残疾人口及残疾人口家庭的具体信息。目前，鄞州区有残疾人1万名左右。从政府层面，每年给予60~200元不等的残疾人补助（鄞州在推进残疾人康复及机构托管上有新的举措），这些补助可以在一定程度上帮助残疾人群体改善生活，但是这一群体需要更多的居家的支持服务。除了残疾人家庭外，还有较大数量的因病生活不能自理的群体，其生活未能获得相应的支持。

以居家养老服务体系建设为契机，构建广义上的家庭支撑服务体系。因为政府机构职能分工的关系，对老年人、残疾人、妇女实施公共服务的牵头组织机构是不同的，在实践工作中，这些资源并没有很好地整合。在当前城乡全覆盖的居家养老体系建设中，要将服务的对象从老年群体推向整个困难家庭，建立与健全广义上的困难家庭支撑服务体系。在政府购买的服务中，将生活不能自理的贫困病人群体、残疾人群体都纳入这个家庭支撑体系的服务之中。如对于有长期卧病在床病人的困难家庭以及农村有重度智力障碍病人的贫困家庭，提供生活照料、临时托管等服务，以减轻困难家庭成员的照料负担，提升目标群体的福利水平。

家庭支撑服务体系还可以有所拓展。对于单亲家庭、老年人抚育未成年子女的家庭开展课业辅导、心理辅导以及由志愿者组织周末活动等，弥补家庭温暖感及教育的缺失。

三、城乡（产业）人口结构变化与弱势居民就业服务体系

就业是生活保障的主要来源，对弱势群体的就业服务是公共服务的重要内容。常住人口的10%抽样长表数据显示，2010年鄞州区劳动力的参与率为75.15%，失业率为3.46%。相对来说偏远的乡镇失业率较高，如咸祥镇为7.34%，瞻岐镇为6.14%；而工业发达的区块失业率较低，如姜山镇为2.76%，高桥镇为2.92%。15岁以上人口普查前一周未工作情况见表1-6。出于承包土地被征用、料理家务（潜在失业）等原因未就业的情况值得关注。

表 1-6　鄞州区 15 岁以上 2010 年人口普查前一周未工作情况(常住人口)

单位:人

区域范围	长表总人口数	15岁以上人口数	有工作人数	在职休假、学习、临时停工或季节性歇业人数	未做任何工作人数	未工作状况								
						在校学习人数	丧失劳动能力人数	毕业后未工作人数	出于单位原因未工作人数	出于本人原因失去工作人数	承包土地被征用人数	离退休人数	料理家务人数	其他
全区	153349	135366	97917	286	37163	10389	1650	549	374	1388	250	8481	12477	1605
建成区	—	91987	66275	121	25591	8698	779	375	305	967	168	5886	7333	1080

注:本表数据为 10% 抽样的长表数据。

　　失地农民的非农就业成为一个亟待解决的问题。以常住人口计算,鄞州区居住在城镇的人口有 921443 人,占 67.79%;居住在乡村的人口有 437755 人,占 32.21%。同 2000 年第五次人口普查相比,城镇人口增加了 565267 人,乡村人口减少了 60696 人,城镇人口比重上升了 26.11%。在城市化推进过程中,出于土地征用、新村改造等原因,农村居民的所居地由村转为社区,或集中安置至城镇区域居住。失地农民由于年龄、学历、技能、就业观念方面的因素,就业相对比较困难。很多失地农民依靠土地补偿金、劳动力安置补偿金以及出租安置房等过日子。从鄞州整体来说,近郊的失地农民就业情况还是相对较好的[①]。

　　配合居家养老服务体系建设,积极吸纳农村待业中年妇女居家就业。从鄞州全区范围看,料理家务的人数占到 15 岁以上人口数样本的 9.2%,在建成区范围内该比例为 8.0%。在农村以及安置型社区中,中年女性待业在家的情况较为突出。在居家养老服务体系建设中,吸纳中年妇女居家就业是一个可以达到"双赢"的举措。

　　推进乡村旅游,鼓励农村居民开设家庭餐馆、家庭旅馆,促进农村就业。

　　目前,农林牧渔业在业人口所占比重仅为 4.59%。除鼓励农村居民到非农领域就业外,还要大力推进二、三产业与农业的融合,拓宽产业链,吸纳就业。在农家乐建设上,要支持鼓励本土农民经营的项目。公共服务的重

———————

　　① 　傅建,魏水英,毛剑升,等. 宁波市失地农民就业现状及特征分析——基于鄞州区的实证调查[J]. 浙江万里学院学报,2010(6).

点项目是要推进农民创业,而不是过多地补助企业。

授人以鱼不如授人以渔。要解决就业问题,公共服务是一个关键。特别是在整个公共服务供给系统中,还要重点考虑为具有劳动能力的社会弱势群体创造更多的就业岗位。

四、外来人口结构变化与产业新居民"共享"服务体系建设

鄞州的户籍人口为 808288 人,常住人口为 1359198 人,现住人口 1705173 人,外来人已经成为鄞州经济社会发展中重要的劳动力要素。外来人口已经成为区域人口结构优化中的一个重要的新生力量。从现住人口角度上看,居住在区域内的非户籍人口数已超过户籍人口数。省外的流入人口占了外来人口的绝大多数(见表 1-7)。从发展的趋势看,吸纳与留住符合区域经济社会发展的劳动力是公共政策所要解决的一个重要议题。

表 1-7　外来人口的户籍所在地构成情况　　　　　　　　单位:人

口径	市内区外	省内市外	省外	合计
现住人口	103583	154701	722431	980715
常住人口	90168	125837	417358	633363

产业新居民的"共享"服务体系建设需要系统性建构。外来人口的公共服务共享的内在的逻辑是"共建",即其参与了对区域经济社会发展的服务并做出了持续的贡献,未来也需要这一群体继续服务于区域的发展。因此,要让其享有公共财政带来的福利,并将其转化为区域所需要的"产业新居民"。这是公共服务设定的一个基本指导思想。对整体新居民要提供一些计划生育等基本的公共服务,重点围绕"产业新居民"来推进稳定持续的公共服务体系建设。关于新居民的公共服务规模与内容,需要综合考虑产业发展的趋势与人口流入的趋势。

优质劳动力需要有一个知识、技能的积累过程,劳动力的大幅流动不利于区域生产力的提升。对于鄞州来说,除了在计划生育等方面进行全覆盖的基本服务之外,更需要系统性地按照区域产业发展的需求来构建外来人口的公共服务体系。服务目标在于改善区域所需劳动力的社会福利,使其成为区域经济社会发展中的持续要素。我们在注重高端人才落户的同时,

还要将外来人口进行适当的层次分类，如熟练技术工人（电子、浇筑、服装等）、商贸服务业的从业人员（市政服务、餐饮酒店、个体商贩等）、农业从业人员等。从当前的状况看，外来人口主要的生活成本在于居住成本，应适度按照产业需要推进"人才公寓""廉租房"的建设（若受基本财政能力限制，可以采取农房改造、村级经营、房租补贴等灵活的方式来推动该项工作）。这对于优化与稳定区域劳动力具有较大的作用。此外，与企业联动，从提升区域常住人口的劳动技能及文明素养出发，开展外来人口的工作技能培训以及素质教育。

第三节　创新举措，
探索以"公共治理"为核心的区域公共服务供给机制

从服务供给内容的"整合性"、供给主体的"多元化"、供给形式的"微观化"出发，在探索供给机制上，我们要导入一个"公共治理"的架构。已经有一些学者在重点关注"公共品"供给的模式、机制与公共治理之间的一种深层的关联。当然，对于"公共治理"这一概念并没有一个明晰的共识。从实践层面上，公共治理即是将政府行政嵌入经济市场的大环境中，在服务对象上要更加贴近社会公众、利益相关者、弱势群体的需求（客户导向），并接受社会的监督；在服务的供给形式上要充分利用市场、社会的资源，采取多元、多中心的治理形式。这一治理模式，一则限制了政府的行政权力，使其提供的公共服务能够更好地满足需求；二则可以发挥市场化的效率，在有限的财政资金下，使得公共品供给更加有效率；三则整合了社会资源，发挥社会的能动性、参与性，能够实现财政资源的拓展。所以，"人人享有"的公共服务战略，想要更好、更有效地发挥财政资源的作用，弥补政府行政机制的不足，则需要借鉴这种"公共治理"的思路与方法。

一、深化政府创新机制，提升区域公共服务的科学水平

树立鄞州特色"人人享有"公共服务品牌。鄞州这些年已经在公共服务上取得了许多成绩，这些成绩虽然以分领域、分部门的总结、提炼、探索为主，但确实是一个综合、全面的总结、提炼与探索。因此，我们要将这些年的

公共服务成绩和经验在一个有效的理论与经验框架下进行统合,并且深化分析研究,要创新理念、创新内容、创新举措,树立一个代表鄞州、走在全国前列的区域特色公共服务品牌,助力鄞州成为浙江省委省政府"两富"战略的先行区,成为区域公共服务均等化的创新示范区。当前鄞州重点推进以下品牌工程。

1. 本地居民的就业工程

就业是最基本的福利,也是区域社会稳定的重要保障。当前需要大规模面向失地农民以及农村无业的中青年人员,以改变就业观念为基点,以"教育培训"与"增加就业岗位"为载体,以人才(劳动力)市场为媒介,大力推进就业公共服务。

2. 弱势家庭的支持工程

将各条线的各种补贴、救助进行有效整合,以家庭为单位进行系统性的支持,切实推进对于弱势群体的公共服务。

3. 外来人口的安居工程

以区域经济社会发展规划为依托,在中心、镇域、产业园区、村域内开展系统的外来人口安居支持项目(可以多形式开展该项目)。

4. 建立健全区级层面的公共服务协作机制

从工作机制上说,公共服务的供给是一个复杂的动态化过程,其包括社会经济条件以及社会价值的动态化、社会目标受益群体的动态化、行政体系内部的动态化等各个方面。从职能分工上说,公共服务涉及的部门、组织很广。因此,建立一个社会化的协作机制是推进区域公共服务创新的关键。这个协作机制包括决策咨询机制、广泛参与的决策机制、部门联动的协作机制、政府购买的社会服务机制、科学化的监督评估机制等。从协调的角度上来说,要建立一个协调的常设机构,负责公共服务的近期和远期计划的拟订、部门协作、社会化协作、咨询协作等。

二、深化民生研究机制，提升区域公共服务的满意水平

公共服务的决策前提是我们必须了解与识别目标群体的实际状况与内在需求。公共服务需求的识别需要我们能够开展对于受益群体的持续研究。

1.建立公共服务的目标服务群体信息系统

建立区级的以社会福利（困难家庭）为导向的公共服务目标群体信息系统，以民政系统为主，整合妇联、残联、卫生、教育等机构、部门的信息资源，建立健全目标受益群体的家庭基本信息及困难程度信息，要求村（社区）定期上报目标群体的信息。

2.建立公共服务的监测研究合作平台

以上文述及的常设机构作为协调，搭建一个公共服务监测研究平台。发挥统计服务决策的职能，利用统计局的城市及农村调查队的平台，定期或是专题对目标受益群体进行专户调查，掌握第一手信息。同时利用咨询委、党校、社科联及社会研究机构的资源，进行公共服务政策的咨询研究。还要发挥人大、政协参政议政的作用，健全人大、政协联系基层群众、困难群众制度，及时反映群众的公共服务需求。

三、深化多元协作机制，提升区域公共服务的供给水平

从当前的情况看，政府采购社会服务已经成为一种趋势，鄞州的居家养老服务已经开始与家政企业合作。社会服务企业会成为未来创业的一个重要方向，其市场需求也在不断增大。

1.建立社会服务企业孵化器

社会服务企业会成为创业的一种趋势，鄞州率先建立社会服务企业孵化器，吸纳成长型的社会服务企业，借鉴科技企业的孵化模式，对社会服务企业进行孵化。这对于区域内经济结构调整以及公共服务发展都有很好的作用。

2.深化社会服务相关的社会组织培育机制

根据鄞州区的公共服务整体规划,导向性地培育社会服务相关的社会组织。在公共服务领域中,探索性地开展与社会组织的合作,健全社会服务的志愿者服务机制,搭建志愿者的服务导入平台,建设社会组织服务区域公共服务的示范基地。

四、深化社会工作机制,提升区域公共服务的服务水平

1.建立健全专业的社会工作者制度

在引入专业社工制度的同时,要做好社工工作职责定位,将其从社区管理转向专职为社会弱势群体服务。专业社工是政府以及某些社会资源机构(如慈善机构)与弱势群体之间的桥梁,专业社工的工作重点即是提供一对一的专业服务,帮助弱势群体家庭获得公共及社会资源,改善弱势群体的福利。

2.建立与社会工作者职能相对接的区级职能机构

区级、乡镇(街道)的相关部门要实现与社区工作者的职能对接,即社会工作者要掌握政府所能提供的公共资源,并且要使社区工作者协助社区的弱势群体获得相应资源的渠道畅通。最理想的是成立相应的区级职能机构。也可以在民政局增设相应对接的职能科室,负责协调各种弱势群体可以获得的公共资源以及社会资源。

第二章　县域外来人口政策的理念嬗变

2007 年的《人口与劳动绿皮书》发布后,国内学界掀起了中国是否已到达了"刘易斯转折点"的争论。所谓刘易斯转折点(亦称为刘易斯拐点),是指劳动力由过剩向短缺的转折点。以中国社会科学院人口与劳动经济研究所所长蔡昉为代表的学者认为中国已经到达了刘易斯转折点[①]。蔡昉指出:"人口转变显现出它长期隐藏的经济含义,即通过生产因素相对丰裕的影响,它正在耗竭着长期以来所依赖的经济增长源泉——单纯的劳动和资本投入,并且相应地创造了调整城乡关系、改善收入分配状况和加快劳动力市场一体化的条件。"[②]依据刘易斯转折点的理论,以区域性的民工荒为标志的劳动力供给已从无限供给向有限剩余转化。在这样的现实条件下,国家或区域需要重新审视与经济社会相适应的流动人口管理政策。宁波市鄞州区的经济发展一直居于浙江省乃至全国的前列,在其经济与社会发展的过程中,从 2004 年起也遭遇了不同程度的"民工荒"。所谓"用工难"在近些年更多的是一种结构性(熟练技工)的匮乏,随着经济结构的调整及社会事业的发展,经济社会对于简单劳动力的需求转向对于更高层次的人力资源的需求,这对政府的外来人口管理与服务政策提出了更高的要求。通过对改革开放 40 年历程的回顾,我们深入地考察了外来人口流入与区域经济社会发展相关联的阶段性变化,以及政府管理政策的演变,以便使我们更好地

---

① 中国人民大学人口与发展研究中心的刘伟在《刘易斯拐点的再认识》(《理论月刊》2008 年第 2 期)一文中对于蔡昉的观点进行了分析与考察,提出了否定意见。刘伟与蔡昉的主要差别在于所依据的数据分析有所不同,刘伟更多依据宏观的总量分析,而蔡昉基于区域性的现实考察。刘易斯模型是复杂的理论模型,刘伟的判断是,存在两个刘易斯拐点,目前我国则是至多只能算是到达第一个拐点即以工资上涨为主要特征的拐点,而资本主义部门(现代部门)和非资本主义部门(传统部门)的边际产品相同(即单位要素的投入有相同的产出)的这一拐点并未达到。就区域(特别是经济较发达的地区)而言,这种刘易斯拐点的特征还是明显的。

② 蔡昉. 人口与劳动绿皮书(2007)[M].北京:社会科学文献出版社,2007:147.

把握外来人口管理的内在规律,为政府提供决策的依据。

第一节　改革开放 40 年鄞州区
经济社会发展与外来人口流入阶段分析

人口流动一直伴随着经济社会的发展。在历史上,不少鄞州居民的先祖也是所谓的"外来人口"。民国版《鄞县通志》第一函《舆地志》第四册的氏族部分为我们勾勒出了鄞州地域内人口流入的基本脉络。在改革开放的 40 年中,鄞州外来人口的流动也伴随着经济社会的发展而呈现阶段性的特征。

一、经济社会发展与人口迁移

关于人口的流动,主要有两个模型:刘易斯(William Arthur Lewis)的"两部门"理论与托达罗模型(Todaro Model)。

刘易斯的"两部门"理论认为:社会生产中有两个部门,一个是现代部门(高生产率),另一个是传统部门(低生产率)。在传统部门中,劳动的边际生产率低,甚至为零或负数,劳动者的工资不是由劳动力的边际生产力(增加一个单位的劳动而增加的产量)决定的,而是由平均分享的劳动产品的产量决定的(增加一个单位劳动力并不带来产量的增加)。传统部门的劳动力相对于资本来说比较富裕,劳动力的迁移并不会造成传统部门的产量下降。当传统部门的一部分劳动力转移到现代部门时,其在现代部门可获得与边际生产力相等的收入。

而托达罗模型可用公式表达为:

$$M=f(d)\,,f'>0 \tag{1}$$
$$d=pw-r \tag{2}$$

式(1)中:M 表示从农村迁入城市的人口数;d 表示城乡预期收入差异;$f'>0$ 表示人口流动是预期收入差距的增函数。

式(2)中:w 表示城市实际工资水平;r 为农村实际收入;p 为就业率。

虽然有学者对这两个模型提出质疑,但在分析人口迁移上这两个模型仍是主要的工具之一。刘易斯模型更多的是从宏观经济结构差异(二元经济)的角度来研究,而托达罗则更多地立足于微观层面的流动者主体对于工资水平的预期。从宏观而言,因产业(工业与农业)、区域(城镇与农村)发展的不平衡而出现的二元结构分野,使人口向城镇及工业部门集聚。现代部门吸纳人口,是为了与其相对密集的资本相配比,使规模报酬递增。基于鄞州的实证研究发现,经济发展的规模与人口流入的规模是呈正相关的[①],即人口的流入促进了区域经济的大力发展。从微观考虑,人口的流入原因是流动者个体寻求更高的工资水平。当然这只是主要的原因,还有诸如城市发展程度、福利水平等因素。

综上,劳动力(人力资源)的流入是区域经济与社会发展所必需的,而区域间工资水平、就业岗位的差异是人口流动的主要动因,因此,人口的流入是伴随着经济与社会发展变化而呈现阶段性变化的。

关于区域经济与社会发展状况的分析与阶段的划分,学术界有许多研究成果。国际上许多学者形成了各自不同的阶段划分方法,如胡佛—费希尔的区域经济发展阶段理论、罗斯托的区域经济增长阶段理论、约翰·弗里德曼的区域空间成长阶段理论等。国内学者也有自己的理论开拓,如陈栋生等的区域经济成长阶段论、陆大道的区域空间结构演变阶段论等[②]。任启平(2004)所归纳的区域经济发展阶段判定的指标体系包括经济总量、经济结构、空间结构(城市化、交通等)、开放水平、创新水平、福利水平等 6 项指标,较为全面地提供了对于区域经济发展阶段判定的标准。综合上述考虑各种指标体系,以人均 GDP 为主要权值,结合体制改革的契机,将鄞州的发展划分为五个主要阶段。

第一阶段(1979—1992 年):工业化初期Ⅰ(工业经济全面启动,人均GDP 达 1000 美元)。

党的十一届三中全会的召开,激发了地区发展的活力,仅 1980 年一年的发展,工业总产值达到 2.74 亿元,比 1979 年增长 42%,已占全区工农业总产值的 47%,当年的鄞县进入了工业经济的时代,并呈全方位粗放式的总量扩张。1988 年前,鄞县经济以内贸为主,1988 年后则以外向型经济为主。1988 年鄞县的乡镇企业由 1978 年的 1764 家发展到 13568 家,从业人

---

① 杜建海.共建共享 共生共荣——鄞州新居民与地方政府管理创新[M].杭州:浙江人民出版社,2007.

② 陈映.区域经济发展阶段理论述评[J].求索,2005(2).

员从 8 万人发展到 22.8 万人,产值占全县工农业总产值的 81.7%。从 1987 年下半年起,鄞县县委、县政府出台了一系列鼓励出口的政策。到 1992 年,全县外贸生产企业达到 400 家,出口商品收购额达 13.87 亿元,比 1989 年增长 3.4 倍。1992 年,鄞县的 GDP 达 37.14 亿元,人均 GDP 为 5280 元(约 991 美元),三产比例分别为 12.2%、66.1%(工业 63.7%)、21.7%。

第二阶段(1993—1998 年):工业化初期Ⅱ(工业经济全面发展,人均 GDP 达 2000 美元)。

1992 年邓小平发表南方谈话之后,鄞县推行"双十工程",以鼓励、扶持骨干企业。1993 年年初,以全县第一家股份制企业宁波杉杉股份有限公司正式成立为标志,鄞县开始重点推行股份合作制。宁波雅戈尔股份有限公司成立后,鄞县县委、县政府又选择了 100 家企业进行第二期扩大试点。至 1994 年,在全县 5032 家镇村集体企业中完成经营机制改革的有 4784 家,占总数的 95.1%。到 1998 年,县属企业转制面达到 92.1%。杉杉和雅戈尔集团两家企业的股票先后于 1996 年和 1998 年在上海证券交易所上市。到 1998 年年底,鄞县的 GDP 达 124.37 亿人民币,人均 GDP 为 17126 元(约 2073 美元),三产比重分别为 9.4%、63.2%(其中工业 59.7%)、27.4%。

第三阶段(1999—2001 年):工业化初期Ⅲ(产业结构的调整与优化,人均 GDP 达 3000 美元)。

在这个阶段,鄞县工业生产快速增长,经济效益不断改善,县委、县政府继续坚持"树强扶优",大力实施"双高工程"战略,强调科技创新,进一步推动产业结构的调整与优化。到 2001 年,鄞县全年的 GDP 达到 137.78 亿元,人均 GDP 达 23897 元(约 2893 美元)。

第四阶段(2002—2007 年):工业化中期(城市化建设快速推进,人均 GDP 达 9000 美元)。

2002 年 2 月 1 日,国务院国函〔2002〕8 号批复同意撤销鄞县,设立宁波市鄞州区,4 月 19 日正式对外挂牌。以此为契机,新设立的鄞州区社会的各项事业欣欣向荣,人民生活水平不断提高。鄞州区政府从"强县战略"向"都市战略"转变,通过全面推进"新鄞州工程"建设,积极创建"实力鄞州""绿色鄞州""文化鄞州""富裕鄞州",大力发展第三产业,以城市化提升工业化,统筹城乡经济社会的全面发展。2007 年年底,鄞州区的 GDP 达到

520.8 亿元，人均（按户籍人口计算）GDP 达 69527 元（按 2007 年年均汇率 7.525 计算，折合为 9240 美元）。

第五阶段（2008 年至今）：工业化后期（经济、社会全面协调发展）。

以党的十七大报告精神为主要指导，转变经济发展方式，注重环保、民生、文化等方面的建设，促进社会的全面协调发展。

二、鄞州外来人口流入阶段分析

第一阶段（1979—1992 年）：流入的主要是外来种粮人员（承包土地）与联营企业的技术人才（暂居）。

鄞州区工业的从业人员由 1978 年的 8 万人增加到 1988 年的 22.8 万人，大量的农业人口涌入工业生产领域，农村土地出现大量抛荒、无人耕种的情况，而当时每年粮食统购任务较重，政府开始考虑从台州、温岭、黄岩等地引入能吃苦耐劳的外来种粮户。以当时的鄞西平原稻区白岳乡（今集士港镇）为例，1983 年务农劳动力有 4120 人，占总劳动力的 70.6%，至 1987 年减少到 2650 人，占总劳动力的 32.6%。针对务农劳动力的逐年减少，白岳乡 1984 年到 1987 年间先后从 10 多个县的偏僻山区引入 162 人补充务农劳动力的不足，以村为单位与外来户签订转包土地协议，并帮助解决住房、仓库、农机具等一系列问题，提高外来种粮农户的种植水平。从 1984 年开始至 2007 年，鄞州区总共引入外来农户 19777 户（户粮关系已迁入鄞州区），分布在鄞州区的各个镇乡（街道），高桥、古林、石碶、集士港是外来人口分布较为集中的区域。

进入 20 世纪 80 年代后，有的社队企业开始与地方国营和集体企业进行生产、资金、技术以及销售上的协作。1987 年，横向联营迈上新的台阶，联营范围从以宁波、上海为主向更大范围扩展，联营的方式也变成多层次、全方位。1988 年，鄞县在 1987 年 264 家联营企业的基础上，新增 178 家，共引进资金 2532 万元，设备 143 套，技术人员 537 名。1990 年第四次全国人口普查时鄞州共有外来人口 2.4 万人，其中省外人口 2743 人，占外来人口的 11.43%。这些外来人口以上海人为主，总数为 1265 人，占整个省外人口的 46.12%。这部分来自省外的人口主要是上海的专家和技术人才。

第二阶段（1993—1998 年）：流入的主要是建筑工人、手工业者（木匠、泥水匠）、小商贩、务工人员。

　　这一阶段外来人口的数量增幅不大。省内贫困山区的农民在第一批引进的种粮户的帮带下，继续有所增长，并开始种植蔬菜。来自象山、三门、天台等地的木匠、水电工、泥水匠等从事手工业的外来人员数量增加。省外流入人口主要是来自四川、安徽、江西的务工人员，他们大多在鄞县的大型采石场中，从事强体力劳动。1995年、1996年企业转制之后，本地居民慢慢退出企业，开始自己办厂创业，或进入管理层行列，外来务工人员大量进入企业，流入规模不断扩大，为企业提供了能吃苦耐劳、报酬较低的劳动力，促进了企业的发展，拓宽了企业的利润空间。在城郊接合部的钟公庙、邱隘、石碶等地，以市场为纽带，外来的三产人员有所增加，来自台州、温州等地的商贩在鄞县从事商贸活动，他们散布在轻纺城市场及镇乡的菜市场，极大地繁荣了鄞县的经济。以宁波轻纺城市场为例。1993年该市场开业之初，生意凋敝，客源稀少。市场于1994年通过宁波市工商联与温州工商联联系，引进温州的鞋城和服装市场，温州、乐清、临海等地的外来商户开始在市场里开展经营。1997年又引进广东布料市场、海宁皮装市场，外来商户的数量不断增加。至2006年年底，在2700余户的商户中有70%来自区外，宁波大市外约有1000人，他们为鄞州市场的繁荣做出了很大的贡献。

　　第三阶段（1999—2001年）：流入的主要是外来务工人员（主要集中在工业），外来人才。

　　从1999年开始，外来务工人员大量涌入鄞县。全国外来人口主要还是集聚在劳动密集型产业及制造业。在2000年第五次全国人口普查中，鄞县外来人口总数23.86万人，比1990年第四次全国人口普查时增加了20多万人，省外人口10.06万人，占外来人口总数的42.16%，其中以从安徽、四川、江西、湖南、贵州、江苏来的人为主，共84049人，具有劳动力迁移的特征。随着产业结构的调整和人民生活水平的提高，从2001年、2002年开始，娱乐、餐饮、宾馆等服务行业中的外来人口的比例也不断增加。随着企业科技创新及管理提升需求的增大以及社会事业的发展，外来人才的数量也不断增加。2000年鄞县引入本科毕业生1040人，硕士11人。2001年鄞县引入本科毕业生1124人，硕士27人。

　　第四阶段（2002—2007年）：流入的主要是外来务工人员（分布于农业、工业、服务业），外来人才，外来定居、投资者。

　　在工业化、城市化的双重拉动下，工人及三产的从业人员数量逐年递增，至2007年鄞州区暂住登记人口达66万人（据公安部门估计，实际数量在 80 万人以上）。其中人才的数量也不断增多。鄞州区 2003 年引入本科毕业生 1440 人、硕士 56 人，2004 年引入本科毕业生 2022 人、硕士 96 人，2005 年引入本科毕业生 1775 人、硕士 110 人。鄞州人民医院自 2001 年开始引进高级医学人才，2001 年引进 7 人，2002 年引进 4 人，2003 年引进 7 人，2004 年引进 8 人，2005 年引进 10 人。农林部门则引进茶博士、农产品检验检疫人才等。随着社会事业的发展，许多外来人才进入政府、企事业单位，全区的人力资源得到极大的补充。

以高桥工业园区某塑料制品企业为例，1993 年开办了家庭作坊式企业，地点在集士港，年产值只有 20 万元，工人数量 20 人左右，当时外来工人比例仅占 30％。到了 1999 年企业搬迁到高桥，产值达到 250 万元左右，员工人数 50 人左右，其中外来工人已达 50％左右。至 2002 年企业搬入高桥工业园区，产值达到 2500 万元左右，员工 100 人左右，外来工人数达到 60％。2006 年该企业年产值达到 8000 万元，员工数达 300 人，其中 80％是外来工。1999 年该企业开始引入本科毕业生、中高级技术人才，现有工程师十五六人，从事生产及行政管理的人才 10 人。

第二节　改革开放 40 年鄞州区外来人口管理理念及政策演变

一、公共决策的理性模型与渐进模型

公共决策的模型主要有两种——理性模型与渐进模型，其他的模型是基于这两种模型的批判与综合。

理性模型由法约尔、古利克、厄威克等管理学家的发展而被推广。对此模型也不乏批判者，最有名的是美国的行为主义科学家赫伯特·西蒙。他认为人类行为中具有一定的"理性"，但是要做到完全的理性很困难。人的理性是"有限的理性"。西蒙关于理性模型的评估，总结出在实际公共决策中并不会使收益减去成本的值最大化，而是仅仅倾向于满足决策者们在有关事件中为自己设定的任何标准①。理性可以认为是决策者由其自我的价值观与对于事物的判断而制定的行为目标(准则)。

渐进模型归功于耶鲁大学的政治科学家查尔斯·林德布罗姆。渐进模型把决策看成是一项解决手头问题的实用演练,而不是为了实现崇高的目标。在这种模型中,被用来解决问题的方法是通过反复试验发现的,而不是通过全面评价所有可能的方法而得到的②。对于决策者而言,许多政策效果是难以预计的,其方法更多是试探性、实验性的,是一个渐进的修正过程。

从时点而言,理性模型(尽力追求投入与产出的最大化)是适用的,但从过程而言,渐进模型(目标与方法、效果的背离)是需要被考虑的,即对于前期政策需要进行考察与修正。理性是政策选择的基本价值标准,而渐进的思路则是理性所必须考虑的一个因素,即要保持当期政策与前期政策间的延续,修正前期政策的错误,预计下期政策。从实践的层面而言,管理的演进是渐进的,因此对于管理演进路径的分析能够更好地为后期决策提供科学的依据。

二、政府管理理念与政策演变

根据理性模型与渐进模型,外来人口的管理理念基本分为三种。

1. 应激防御(打击防范)

在外来人口流入初期,国家的相关法规较少,县域政府在管理上缺乏经验,其管理主要是以应对突发事件为主。应激,即就突发性的事件做出最快的政策安排;防御,即以预防突发性事件为主要目的的政策安排。1995年鄞县的外来人口管理理念为"政府牵头,公安为主,各方参与,综合治理",这与应激防御的理念基本吻合。

2. 有序管理(完成目标)

随着流动规模的增加,国家外来人口管理的法规逐渐增多,县域政府的

---

① 迈克尔·豪利特,M. 拉米什. 公共政策研究——政策循环与政策子系统[M]. 北京:生活·读书·新知三联书店,2006年:245.

② 迈克尔·豪利特,M. 拉米什. 公共政策研究——政策循环与政策子系统[M]. 北京:生活·读书·新知三联书店,2006年:247—248.

管理主要以完成上级的考核指标为主要目标,以较低限度地投入为导向,其间虽有一些管理手段上的创新,但其管理上缺少全局性、系统性的政策安排与协调机制。这一时期,鄞州区确立了"同管理、同服务、同宣传、同参与"的工作机制与"政府领导、部门共管、属地管理、综合治理"的管理体制,坚持"公平对待、合理引导、完善管理、优化服务"四个基本原则,实现"属地化管理、市民化服务"的工作目标。这主要是以有序管理以完成既定考核目标为主要管理理念的。

3. 全面服务(深度创新)

随着外来劳动力的结构性短缺的出现以及劳动法规的调整,县域政府要从"以人为本"为主要指导原则出发,根据新居民群体的各个层次的需求及区域经济社会发展的实际情况,提供人性化的政策安排,以区域的政策创新来吸引有效的人力资源。

管理与服务的区别,在我看来,主要是指政策的制定中以何者为导向。管理是以政府的管理目标的达成为导向的,即是政府从自身理性预计出发而进行的政府安排;服务是以外来人口群体的诉求为导向的,即政府是从外来人口的内在诉求及其发展的角度来进行制度安排。我们平时说的"服务"还是以管理为主体的"服务"。

具体政策的演变过程如下。

第一阶段(1979—1992年):同步管理(基本与本地居民管理同步)。

在这个时期,对于人口流动,国家的管理政策经历了控制流动(1979—1983年)、允许流动(1984—1988年)、控制盲目流动(1989—1992年)三个阶段,主要是以控制为主。在这个阶段,全国范围内的人口流动主要是就近城乡之间的流动。农民基本"离土不离乡",跨省的流动相对较少,国家在计划体制下,通过政策调控来保持有序的人口流动。在这一阶段,流入鄞县的外来人口数量不大,其主要管理目标集中在计划生育和暂住登记两个方面,各方面的管理基本上与本地居民同步。1985年公安部印发了《城镇暂住人口管理的暂行规定》,鄞县的暂住人口管理登记保持与省、市同步。20世纪80年代初计划生育政策全面贯彻执行,鄞县人民政府根据《浙江省外出人口和外来人口计划生育管理暂行规定》的相关精神与劳动、工商等部门签订了《鄞县流动人口计划生育目标管理责任书》。1990年鄞县人民政府印发了《鄞县外出外来人口和个体工商户计划生育管理实施细则(试行)》,落实外来人口的计划生育管理。对于外来种粮户的管理基本上也是纳入本地居民的管理体系中。

第二阶段(1993—1998年):防范打击(治安管理与计生管理为主)。

这期间国家主要是通过文件来保障规范性流动,促进劳动力市场发展,完善就业服务体系建设,维护保护农民工的权益。在这个阶段鄞县的外来人口的数量有所增加,治安、计生方面的问题凸显出来,管理上需要有一个相互协作的工作机制。1994年,鄞县政府成立了"流动人口计划生育协调管理领导小组"。1995年鄞县政府提出"政府牵头,公安为主,各方参与,综合治理"的方针,和"管理和保障、服务相结合,教育和处罚相结合"的要求。为了进一步协调暂住人口管理工作,消除暂住人口对县域内治安的负面影响,充分发挥暂住人口对发展鄞县经济、调剂劳动力短缺的积极作用,鄞县政府成立了"暂住人口管理工作领导小组"。

第三阶段(1999—2001年):调整时期(试验管理政策与方法的适用性)。

从1999年开始,国家对人口流动的管理进入公平流动阶段。国家要求保障流动就业者的合法权益等,强调逐步打破城乡分割体制,改革城镇户籍制度,形成城乡人口有序流动的机制。在这个阶段,鄞县外来人口的数量迅速增加,结构也显得复杂,政府对于外来人口群体的就业、生活等情况了解较少。外来人口相关的治安问题增多,舆论及管理的压力增大,政府需要有一个缓释调整的过程来进一步建立高效的管理模式。

第四阶段(2002—2007年):有序管理(管理与服务的同步推行)。

在这一阶段,国家对于地方的外来人口管理提出了更高的要求,并且出台了一系列的政策。国家计委要求各地2002年2月底前取消暂住费、暂住人口管理费、计划生育管理费、城市增容费、劳动调解费等七种收费。2003年,国家要着重解决拖欠工资、劳动环境差、职业病和工伤事故频发等突出问题。2004年,劳动和社会保障部、公安部等部门开展"认真贯彻《劳动法》,切实维护农民工合法权益的专项检查活动"。针对外来人口的工作逐渐细化,其管理也从单纯的治安与计生,转向就业服务、计生服务、权益维护等多个方面。在对外来人口的常规管理上,鄞州也摸索出了一定的规律,在治安、流动儿童教育、计生、维权等方面都提出了具有地方特色的政策安排。

第五阶段(2008年至今):深度创新(立足于外来人口诉求与发展的政策设计)。在这一阶段,以党的十七大和十一届全国人大会议为契机,地方政府的外来人口管理进入到"以人为本"的深度创新阶段。

第三节　改革开放 40 年外来人口管理经验的启示

一、在国家的制度框架下寻求地方政府的管理创新

国家的政策是宏观性的指导，而各个区域的实际情况不同，其政策安排也应有所区别。地方政府是国家执行行政职能的前沿阵地，其所做的政策创新可以补充某些国家体制性障碍造成的不足。以户籍为主要权利分割的二元体制，导致了外来人口社会融合的诸多障碍。户籍体制的改革涉及多个层面的利益问题，在短期内仍难以出台。而地方政府从自身的发展需求出发，结合区域外来人口的管理现状和财政能力，可以在国家制度框架下，寻求地方政府的管理创新，以提高管理的绩效。在对改革开放以来 40 年的分析中，我们可以看到鄞州在管理上有许多创新。在新的时期，地方政府也要寻求新的创新点，如适当地向外来人口开放本地户籍人口所享有的公共服务与福利，比如对居住与就业达一定年限的外来人口开放经济适用房的申购。

二、决策要由"管理导向"向"全面服务"转化

政府要正视外来人口对区域经济社会发展所做出的贡献，正视劳动力需求在将来的一个时期内仍将持续增长的现实（以资本、技术替代劳动力的产业结构调整需要一个较长的过程，而随着社会事业的发展，家政事业的社会化，餐饮、酒店、旅游等服务性产业的发展，对于劳动力的需求仍将会增长），而劳动力资源结构性的短缺在今后一个时期将会成为制约区域发展的一个瓶颈，因此，重新定位外来人口的管理政策尤为重要。

政府决策要从"管理导向"向"全面服务"转化。新时期外来人口的诉求也发生了变化。国务院研究室《中国农民工调查报告》（2006）指出了农民工所发生的三大变化：由亦农亦工向全职非农转变；由城乡流动向融入城市转变；由谋求生存向追求平等转变。这要求政府在制度安排上要立足"以人为

本"，更多地从外来人口的需求入手，提供全面的服务。

政策的安排需要从外来人口个体的发展出发，着力解决经济、社会、文化三个层次的融合，形成制度安排的体系性。

三、决策中要充分考虑适度人口规模、人口预测与总量调控等问题

适度规模是一个很复杂的问题，既要考虑区域经济社会发展的需求，同时要考虑土地、水资源、环境资源、公共设施(服务)供给等人口容量要素。很难对这些因素进行实证分析而推导出具体的适度人口规模。但是在对外来人口的管理政策上要考虑这些因素，要在产业发展、环境承载、人口规模上寻求一个平衡点。

人口的预测基本上有三个主要的方法：平均增长法(计算时应分析近年来人口的变化情况，确定每年的人口机械增长数或机械增长率)；带眷系数法(计算时应分析从业人员的来源、婚姻、落户及城市的生活环境和建设条件等因素，确定增加的从业人员及其带眷人数)；劳动平衡法(建立在"按一定比例分配社会劳动"的基本原理、社会经济发展计划及相互平衡的基础上，以社会经济发展计划的基本人口数和劳动构成比例的平衡关系来确定)①。第一个方法主要考虑城市人口增长的内在规律性(但在产业迅速扩张的区域，这种计算法误差较大)。第二个方法主要考虑劳动者的眷属人数。第三个方法主要是以社会经济发展为其主要依托。对于适度人口的预测，主要是将劳动平衡法与眷属法相结合，这样才能较好地反映实际的人口增长。人口的规模可以根据经济社会发展的需求做一个基本的实证分析，可以为区域管理政策(特别是公共服务的提供)提供决策的依据。

从改革开放以来的情况看，外来人口是以就业为主要依托的，"盲流"是外来人口中的少数。在总量调控上，不应过多地使用强制性的手段，而应该以建立健全劳动力市场为主要突破口，以就业为主要参考标准，为外来人口提供相关的区域公共品，而对于非就业性流动人口要通过培训、教育，使其成为区域的有效劳动力。区域的总量调控既要考虑区域的发展需求，同时也要考虑区域的容纳能力。针对以就业为依托的外来人口流动，可以通过

---

① 唐晓东.一种基于经济规模的城市人口规模分析与预测方法[J].开发研究，2005(5).

对区域所需的不同劳动力资源提供不同的扶持与鼓励政策，合理调控劳动力的数量与结构，这样就不会出现大规模的人口盲目涌入。

四、以分阶段、分重点、分对象、多渠道等方式解决积累性问题

面对仍在不断增加的外来人口，政府面临着巨大的压力，而针对这一系列的问题，回顾一下对于历史的考察，我们会发现许多问题产生于积累性的矛盾，即政策安排的滞后（政府未在当期解决相关问题，而在矛盾发生后才采取行动）。以外来种粮户为例，其子女落户、教育等都已得到较好的解决，在两轮承包中，近 2 万户的种粮户的入社问题最终也得以较好地解决。虽然外来务工人员的情况与种粮户不尽相同，但是有关种粮户的政策给予我们的启示是：不要让问题积累，而应在全局的视野下逐步解决。

基于财政能力等限制，县域政府要在短时期内解决外来人口在经济、社会、文化方面公共品的共享是不可能的，县域政府通过分阶段、分重点、分对象地逐步在一个时期内解决是可以实现的。历史演变为我们提供了这一问题解决的思路，通过分阶段、分重点、分对象、多渠道的方式，县域政府有能力逐步解决外来人口共享的相关问题。

分阶段：逐年的财政性追加来实现目标。

分重点：外来人口的廉租房、子女教育是县域政府应解决的一个重点。

分对象：根据工作年限、工作技能、信用表现等区分享受的先后。

多渠道：依靠县、镇（乡、街道）、村、企业、个人多种渠道解决。

第三章 县域外来人口管理的伦理重塑

对"公共行政伦理"的界定有不同的说法,笔者比较认同"公共行政伦理研究的是政府行政过程中的伦理问题的说法"①。在国内地方政府有关新居民的管理决策中,地方政府往往以地区的利益为核心,在上级部门的政策指令基础上拟定地区的相关政策,或就地区的突发性事件而采取应激式的行政规束。在这种决策模式中,往往缺少对于伦理情境的审思。莱斯(1943)认为,伦理学的方法可以检验技术规则是否合理,也可以澄清与解释社会设计中的模糊标准,"促使有争议的标准合理化"②。地方政府有关新居民管理的伦理取向是以区位利益为驱动的,这导致在政策安排上缺少合理的标准和公正的价值关怀。在和谐愿景下,我们有必要对于地方政府有关新居民的决策中的伦理取向进行深入的探讨,并重塑原有的伦理。

第一节 地方政府新居民管理的历史与现状

改革开放之后,国家产业结构调整,大量的农民从农业和农村向非农业和城市流动。"农民工"的概念注重于身份的标识,"外来××"则带有潜在的地域歧视,"进城务工人员"则难以表达务工人员追求平等的诉求,"新市民"的概念过于宽泛,"新移民"的称谓则在一定程度上可以消除身份、区域歧视的界别,但其难以摆脱深层次的利益格局。随着户籍改革的深入,"新居民"将会成为较为合理的名称。在世界通行的人口迁移统计中,可将迁移

---

① 余玉花,杨芳.公共行政伦理学[M].上海:上海交通大学出版社,2007:22.
② Leys W A. Ethics and administrative discretion[J]. Public Administration Review, 1943
(3):23.转引自郭夏娟.事实与价值的融合——公共行政伦理学探源[J].道德与文明,2003 (5).

新居住地 6 个月或 1 年以上者列入永久性人口迁移。[①] 本书将新居民定义为:由外地迁入并在现居地居住达 6 个月以上的人。"新居民"适用范围由原来的务工人员拓展到高素质人才、投资者、城市间的移民,其意义在于突破二元结构、户籍制度下的差别性而寻求管理政策上的"一视同仁"。

政府对于新居民的管理取向经历了三个阶段:第一阶段是控制防范。改革开放初期,国家及地方政府对于流动人口实行控制,对于盲目流动人员施行强制遣返,对于外来犯罪人员实行防范打击。第二阶段是管理服务。从 20 世纪 90 年代中期开始,人口流动数量激增,国家及地方政府开始由控制走向有序管理,20 世纪初开始在计生、就业、培训方面提供公共服务。第三阶段是和谐共享。在和谐社会主题下,倡导市民化、本土化、公共产品均等化。这种转化偏重于管理工具的改进与转变,而缺少对政策价值取向的审视与重塑。

第二节　利益博弈与地方政府新居民管理的伦理困境

新居民管理决策的伦理取向不可否认地受到了传统地域观的影响,而更多的应该是一种利益博弈。地方政府的新居民管理博弈主要存在于下列三个方面:原住民(企业)与新居民的利益博弈,这是地方政府决策的基本向度;地方政府与中央政府的利益博弈;领导干部政绩考核中的利益博弈。

一、原住民(企业)与新居民的利益博弈与伦理困境

1.原住民(企业)与新居民利益博弈的收益分析

原住民对待新居民的策略有两种,即同等对待与差别对待。在原住民的潜在认知中,新居民的进入是有害的,其收益主要来自就业(新居民的进入,导致就业机会减少,并使整体工资水平下降)和生活环境(新居民对地区的交通、卫生、治安等社会生活环境造成影响)两个方面。新居民的相应策略也有两种:进入;不进入。新居民的收益体现在就业机会(工资收入)、平

---

① 佟新.人口社会学[M].北京:北京大学出版社,2000:133.

等待遇(同等工资福利)。

原住民和新居民利益博弈的收益矩阵如图 3-1 所示。对新居民而言选择"进入"收益最大,原住民则选择"差别对待"来维护自身收益最大。图3-1所描述的仅仅是一个简单的模型。如果考虑新居民对于地区经济社会的贡献,则模型要复杂得多。

		原住民	
		同等对待	差别对待
新居民	进入	(2, −2)	(1, −1.5)
	不进入	(−2, 0)	(−1, 0)

图 3-1　原住民、新居民利益博弈的收益矩阵

我们用同样的方法来分析区域内企业与新居民之间的博弈情况,新居民的策略和收益与上一模型基本一致,企业的策略是选择给予同等待遇(及福利),或不给予同等待遇(及福利),其收益为企业的利润,收益矩阵如图 3-2所示。

		区域内企业	
		同等对待	差别对待
新居民	进入	(2, 1)	(1, 2)
	不进入	(−2, −1)	(−1, −1)

图 3-2　企业与新居民博弈收益矩阵

从上面的分析中得出,对于企业而言,采取歧视性对待策略最为有利。与原住民个体所不同的是,企业希望有新居民进入以达到利润的最大化。

2.公平缺失的伦理困境

原住民(企业)会要求地方政府维护其利益,在工资水平、福利保障等方面对新居民实行差别标准。新居民参与了地区的经济社会建设并做出了一定的贡献,但是在原住民(企业)这样的要求下,新居民不仅不能享受地区经济社会发展所带来的收益,还要面临歧视性待遇。地方政府的管理政策在

利益格局下往往容易陷入公平缺失的伦理困境。

二、地方政府与中央政府新居民管理决策的利益博弈与伦理困境

1.地方政府与中央政府新居民管理决策博弈的收益分析

中央政府从全局考虑,统筹地区、城乡的差别,要求地方政府给予新居民最大限度的利益保障,而地方政府主要是以本地区的利益群体为导向的。地方政府的策略有最大限度的落实与最小限度的落实(以农民工社会保障为例,地方政府可以通过各种渠道说服农民工放弃投保)两种,其收益为地方财政的投入;中央政府的策略为通过政策法规限制与不限制两种,其收益是中央财政的投入。收益矩阵如图 3-3 所示。

		地方政府	
		最大	最小
中央政府	限制	(−1,−2)	(−2,−1)
	不限制	(−3,0)	(−3,0)

图 3-3　中央政府、地方政府新居民投入收益

中央政府的最优策略是"限制",而地方政府的最优策略是最小限度地执行。

2.行政行为与政治目标偏离的伦理困境

国家的管理政策只是指导性、总则性的,在实际操作中,地方政府可以通过提高门槛、设置壁垒等方式来限制新居民对公共产品的享有,尽量使财政支出向本地居民倾斜。政策法规所规定的权利,在行政过程中未能有效落实。行政行为与政治目标之间的偏离是新居民管理决策的又一伦理困境。

三、领导政绩评价中的利益博弈与伦理困境

1. 领导政绩评价体系博弈的收益分析

领导的政绩评价标准有两个参照系：一是任务指标的完成情况；二是群众满意度（主要是原住民的满意度）。在政绩评价中，领导与新居民获益的收益矩阵如图 3-4 所示。图中：括号内左边的是新居民的收益，右边是领导的收益。

		决策	
		短期	长期
倾向新居民的财政投入	高	(2, −1)	(3, −1.5)
	低	(1, 0.3)	(2, −0.2)

图 3-4　领导与新居民获益的收益矩阵

短期的低投入使领导的收益最高，因此领导倾向于选择短期的低投入。

2. 效果与效率背离的伦理困境

领导会选择尽力达到上级下达的指标，强化短期的效果而不注重政策的效率，造成许多新居民管理政策成为"形象工程"。新居民政策应该是一项长期性的政策，短期而分散的投入会导致整体管理机制的不协调，使得前后任之间的衔接不能到位，使新居民的政策陷入低效率，甚至无效率。

第三节　和谐愿景与地方政府新居民管理的伦理重塑

党的十六届六中全会后，和谐社会构建明确为政府工作的战略愿景。落实科学发展观、坚持"以人为本"的理念、"和谐"的价值取向逐渐成为政府决策的基本出发点。和谐是利益格局的和谐，我们要深入分析利益博弈后面的伦理难题，全面系统地重塑政府管理决策所应持有的伦理观念，而非仅

仅停留在政府政策工具上的创新。

一、新居民的内在诉求与"以人为本"的价值关怀

1.利益机制与新居民寻求价值认同的内在诉求

虽然地方政府对于新居民的管理手段从控制转向管理，进而又从管理转向服务，但是其内在的管理理念却仍然停留在控制、管理的范式之中。观念与手段之间的不同步，极易使新居民的管理政策流入"形象工程"的境地。国务院研究室《中国农民工调查报告》（2006）指出，农民工已发生了三大变化：由亦农亦工向全职非农转变，由城乡流动向融入城市转变，由谋求生存向追求平等转变。地方政府以区位利益为导向，而新居民寻求的是主体价值的认同，这就陷入一种伦理的困境。在和谐的愿景下，地方政府与中央政府的利益博弈应当被打破，地方政府要重新审视其责任的基点，在决策中尊重新居民的主体价值，维护他们的基本权利。

2."以人为本"的价值关怀

"以人为本"的价值取向的意义在于对人的主体价值的认同与关怀，和谐社会的基本立足点也是在此。如果没有对人的价值认同，则和谐社会也只是停留在"表面"而不能深入到"内在"。我们不能离开利益机制的制衡，但是我们要在肯定利益主体的价值基础上来权衡利益。地方政府的新居民管理决策不应只是手段上的创新，而要从"以人为本"的伦理取向出发，深入内省，真正确立"以人为本"的工作基点。

二、经济和谐与"共建共享"的伦理重塑

1.新居民对地区经济发展的贡献

（1）经济生产中新居民的贡献

新居民对地区经济发展而言是不可或缺的人力资源。以劳动密集型产业为主的区域，对于劳动力的依赖极大。下面将第二产业产值与新居民流入数做一个简单的回归分析（见表3-1）。

表 3-1　鄞州区 2000—2005 年生产总值与外来人口数量对照表

年份	生产总值/万元	第一产业/万元	第二产业/万元	第三产业/万元	外来人口流入数量/人
2000	1548728	113457	993174	442097	238605
2001	1737827	123905	1090993	522929	271966
2002	2007901	129655	1242865	635381	305326
2003	2427318	142021	1490117	795180	341141
2004	2884370	157345	1793704	933321	391049
2005	3437758	172534	2163450	1101774	509346

设新居民数量 x 为自变量，第二产业生产总值 y 为因变量，用一元线性回归方程表示为

$$y_i = a + bx_i + e_i \qquad (i=1,2,\cdots,n)$$

其中：y_i 是因变量 y 的第 i 个观察值；x_i 是自变量 x 的第 i 个观察值；a 与 b 是回归系数；n 是样本容量；e_i 为对应于 y 的第 i 个观察值的随机误差。

用 Excel 软件计算的结果如图 3-5 所示。

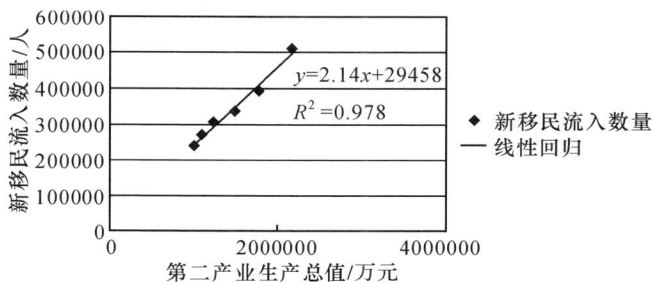

$y=2.14x+29458$

$R^2=0.978$

图 3-5　新移民对第二产业的贡献分析

由图 3-5 可知，$R^2=0.978$，这表明 y 与 x 之间的拟合度良好，线性相关程度高。这一模型说明，产业工人型的新居民流入与第二产业的发展高度正相关。鄞州区计生委的报告中预计：单就经济角度而言，鄞州区 2010 年外来流动人口达到 80 万～85 万，2015 年外来人口在 95 万～106 万。也就是说，鄞州在未来的几年中还需要不断引入合格的劳动力资源。新居民已为地区的经济发展做出了贡献，同时也将为地区经济发展继续做出贡献。

（2）区域消费中新居民的贡献

新居民主要租住本地居民的房子,鄞州区有 60 万新居民(主要是务工人员)租住本地居民的房子,以每人 30 元/月的房租计算①,年租金收入就有 2.16 亿元人民币。以 4 人合租一户本地居民的房子计算,则有 15 万户本地居民年创收 1440 元。从日常消费而言,以 60 万人计算,人均日消费 5元计,则日消费总量为 300 万元人民币,年消费 10.95 亿元人民币;娱乐、衣服等方面的支出,以每人 100 元/年计算,则全年 0.60 亿元人民币。从消费的方面而言,新居民已经融入了地区的经济,是区域内重要的消费群体之一,且存在较大的消费潜力。

2.“共建共享”的伦理重塑

新居民为何能够享受区域内的平等待遇,享受同等的公共产品?公平性所包含的第一层含义就是个人贡献与收益的相等②,新居民是地区物质财富的创造者之一,也是地区未来经济发展的重要劳动力资源,让他们享受地方财政所提供的公共产品是理所当然的。在原住民(企业)与新居民的博弈中,产生伦理困境的原因在于原住民(企业)不能正视新居民的贡献。“共建共享”是地方政府及原住民(企业)所应重塑的伦理取向。

三、社会和谐与“和谐共处”的伦理重塑

1.社会排斥的潜在危险

社会排斥“意味着这样一个过程:个人或群体被全部地或部分地排除在充分的社会参与之外”③。从新居民的角度而言,“社会排斥主要是指社会弱势群体在劳动力市场以及社会保障体系中受到主流社会的排挤,日益成为孤独无援的群体”。④ 李斌的这一观点主要是指新居民在经济领域受排斥,而这种排斥还包括了政治参与、社会网络参与等方面。石彤(2001)认

---

① 本研究 2006 年的调研数据。

② 苏保忠,张正河.公共管理学[M].北京:北京大学出版社,2004:53.

③ 代利凤.社会排斥理论综述[J].当代经理人,2006(4).

④ 李斌.社会排斥理论与中国城市住房改革制度[J].社会科学研究,2002(3).转引自代利凤.社会排斥理论综述[J].当代经理人,2006(4).

为:"社会排斥是指某些人、家庭或社群缺乏机会参与一些社会普遍认同的社会活动,被边缘化或被隔离的系统性过程。"①社会排斥包括经济排斥、政治排斥、社会网络排斥、文化排斥、社会保障与教育、空间排斥②等多个方面。

在社会排斥中,新居民是被动的,他们有融入社会的诉求,并有融入的行为倾向,但是融入的壁垒太多。新居民选择"社群隔离",通过血缘、业缘、地缘等方式聚居,形成一个相对封闭的"小社会"。社会排斥与社群隔离,存在极大的潜在危险,极容易形成新居民社群与原住民群体之间的暴力性对抗,甚至上升为群体性突发事件。被边缘化的新居民容易陷入逆反的情绪,从而产生报复社会的扭曲心理。以鄞州为例,据公安部门统计,年刑事案件中90%左右的涉案者为新居民。社会排斥会加剧社会环境的恶化,降低生活质量,增加社会管理的成本。

2."和谐共处"的伦理重塑

地方政府新居民管理从控制、打击、防范等价值取向出发,通过行政处罚、强制执行等规束手段,达到管理的目的。这种管理模式带有很强的"社会排斥"意味。许多报道反映,在原住民与新居民的纠纷中,地方管理部门的部分人员往往倾向于偏袒原住民,由此极容易导致新居民群体的暴力事件的发生。"和谐共处"是使新居民与原住民在"公正"视域下共处,由"打击控制"转向"教育引导",促进新居民的社会融合。社会融合是一个长期的过程,地方政府要从长远考虑,不能停留在短期、分散的"形象工程"上,而应在社会公正的天平下,塑造新居民与原住民"和谐共处"的伦理环境。

四、文化和谐与"共同发展"的伦理重塑

1. 文化一元论与文化多元论

文化一元论是专断、闭塞时代的产物。文化的融合主要有三种模式:

---

① 石彤. 国有企业下岗职工社会排斥研究[R]. 华人社会排斥与边缘性问题研讨会论文(香港),2001. 转引自代利凤. 社会排斥理论综述[J]. 当代经理人,2006(4).

② 江立华,胡杰成. 社会排斥与农民工地位的边缘化[J]. 华中科技大学学报(社会科学版),2006(6).

(1)A＋B＋C＋…＝A　盎格鲁—撒克逊(Anglo-Saxon)模式

(2)A＋B＋C＋…＝E　熔炉(melting-pot)模式

(3)A＋B＋C＋…＝EA＋EB＋EC＋…　多元文化模式①

第1种模式是指文化的一元同化,即融入该地区的各种文化被一种强势文化取代,这是一种霸权文化;在第2种情况下,融入地区内的各种文化形成一种全新的文化;第3种模式则是文化交流之后既保持了原有文化的特性,又融入了新的元素。文化的多元性是地区活力的重要标志之一,同时也是区域发展程度的重要标志。经济全球化的今天,一个地区不能够因循原有的自闭、自足、自傲、以自我为中心的文化观,而要吸纳各种文化特质,促成地区文化模式的多元化。新居民,特别是新居民中高素质的群体,对于移入地的重要评价之一就是地区对于多元文化的认同度。

2.“共同发展”的伦理重塑

新居民的经济融合的立足点是在“平等”中获取生存权,社会融合则考虑“公正”的生存环境,而文化融合的指向是内在价值的认同,这种融合是最高层次的融合,也是融合的最终指向。这种内在价值的认同是双向的,即对于新居民的价值认同和新居民对地区文化的价值认同。只有在“共同发展”的愿景下,才能真正增强地区的凝聚力,促进地区发展活力,实现地区发展的最佳绩效。

地方政府管理决策的伦理应重塑为“以人为本,共建共享,和谐相处,共同发展”。“以人为本”的价值关怀为最基本的伦理取向,是要消除内在的歧视,建立对新居民主体价值的充分认同;“共建共享”(经济融合)是要让新居民享有与原住民同等的经济待遇(工资、基本的福利),保障其经济权利;“和谐相处”(社会融合)是要让新居民在公正的视域下,享有市民化的待遇(主要集中在公共产品领域,如教育、医疗的平等待遇),促进原住民对新居民的价值认同;共同发展(文化融合),则是促进新居民对所居地居民的价值观念、语言风俗、传统文化的认同与模仿,并培育新居民的主人翁意识,尊重新居民文化,倡导原住民与新居民的共生共荣。

① 佟新.人口社会学[M].北京:北京大学出版社,2000:141—142.

第二篇　融合发展：
包容性公共政策的整合框架

第四章　生态融合与城镇周边
"三农"资源开发

第一节　研究综述

传统理解中的"城市"是指非农人口、非农产业集聚的地理区域。在现代的观点中，"城市"是一个复合的"系统"，涉及方方面面的问题。经济学家、社会学家、政治学家对于城市系统进行了研究，提出了各自不同的观点，生态城市即是综合了各学科的前沿知识所提出一种城市构想。对于生态城市的把握，学者观点也各有不同。有学者综合了各家观点，认为主要有三个方面的学说，即环境说、理想说、系统说（见表 4-1[①]）。

表 4-1　生态城市内涵的三种理解

学说	主要观点	代表
环境说	将生态城市进行简单化和现实化理解，强调城市生态保护、居民生活、历史文化、交通、物种多样性等单项要素的良性发展	"人与生物圈"计划组织（MAB）（1984），R. Register（1984），各城市规划部门
理想说	将"生态城市"完美化和理想化理解，认为生态城市是技术与自然充分融合、人的创造力和生产力得到最大限度发挥、居民的身心健康和环境质量得到最大限度保护的一种人类理想栖境	Yanitsky（1987），丁健（1995）
系统说	生态城市是自然和谐、社会公平和经济高效的复合生态系统，强调三者的互惠共生和相互协调	R. Register（1996），马世俊（1984），王如松等（1994），宋永昌等（1999），黄光宇（1999），黄肇义和杨东援（2001）

---

① 根据赵清，张路平，陈宗团，等.生态城市理论研究述评[J].生态经济，2007(5).

综上，生态城市建设可以从两个主要的角度来理解：狭义层面上，生态城市建设即是要保护城市中的生态环境，创造更多的城市绿地，倡导绿色节能的生活方式；广义层面上，生态城市建设是以人类理想的生活环境为核心，构建空间、生态、经济、社会"和谐共生"的生态系统。从当前所凸显的"城市病"来看，人类正在城市化的进程中逐渐丧失宜居的生态环境，广义的城市生态观需要被纳入城市规划的指导理念中。城市区域内的社会、经济、政治等子系统与生态系统的耦合问题将会成为城市发展的重要议题。

在城市多极化扩展中，很多"新城"都是从原来的自然或农业生态环境中改造、转变过来的。许多新城的"建成区"基本上是由钢筋水泥所塑造的一个大景观，与原来的自然、农业景观形成极大的反差。人为的干扰导致生态的退化，在景观设计中如何维护生态环境越来越被学术界与实务界关注，并且形成了景观生态学这一独立学科。生态景观学从系统、综合的视角和方法将整个城市环境视为一个"生态系统"，并应用这一原理和方法，对当前城市的建成区及其外围城乡接合区域的景观规划进行研究。生态景观学是生态城市建设的重要的理论支撑。

生态景观学者 Forman 和 Godron(1981,1986)认为，任何的景观构成不外乎三种要素，即斑块(patch)、基底(matrix，也有翻译成基质)、廊道(corridor)。邬建国[①]对这三种要素进行了界定：斑块泛指与周围环境在外貌及性质上不相同并具有一定均质性的空间单元(人工建筑物)；廊道主要指相邻的两边环境不同的线性及带状结构(道路、水系等)；基底景观指分布性最广、连续性最大的背景结构(原生的自然、农业生态环境)。生态景观学关注的问题是基底—廊道—斑块之间的合理开发，使居住环境能够与生态系统相协调。基底可以分为草原基底、森林基底、农田基底、城市用地基底等几种。在城市景观的生态化规划设计中，要充分考虑基底的原本属性。杭州西溪湿地的开发即是城市生态景观设计的成功一例。

长三角地区新城区建设多选择平原，以农田基底为主。在城市扩张中，城市周边区域仍然存在着大量的农业农村景观，但是，从土地性质上看，这些农业农村土地大多不能够转为城市建设用地，这些资源的开发问题已成为当前在城市化推进中的一个难题。

---

① 邬建国.生态景观学——格局、过程、尺度与等级[M].北京：高等教育出版社,2000:17.

城市斑块（建成区）与生态基底（城区所依托的生态系统）之间的关系，如图 4-1[①] 所示。图 4-1（a）中，阴影部分指的是城市核心区域的斑块，其以圆周形向四周（基底）扩散。图 4-1（b）中，斑块的扩散则是以轮齿的形状向外扩散，这种扩散形式有利于强化城市核心区域斑块与城市周边环境（基底）之间的联系。从发挥景观与生态的融合优势上说，城市与周边之间的最佳状态是，核心区以齿轮状（指状突起）形式融入生态基底，让城市景观与周边自然、农业基底之间互相渗透。翟辉[②]指出，图 4-1（b）的指状城市既集中又分散，它可以增加"城乡混合景观"的比例，使大自然渗透到城市核心的可能性加大，这是一种"随处可见自然景观"的模式。这种交融式的城市空间拓展还有利于主城区与周边的城镇连接起来，扩大主城区的发展空间。这一齿轮状（指状突起）模型理论为我们在考虑城区的规划建设及城区范围的拓展时如何将农业农村资源有机地融合进城市景观体系中，提供了一个有益的视角。

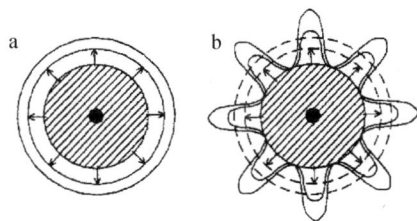

图 4-1 城市斑块与生态基底之间的关系

现代都市农业应具备生产、生活、生态的综合功能，这已经成为学界的一个基本共识。各国还在此基础上深化对多功能的认识，如韩国注重农业的文化功能，强调继承和保护本国悠久的农耕传统和田园文化[③]。这就使农业具备了休憩、教育、体验、文化传承等复合的功能。现代都市农业的多功能性意味着农业农村资源参与城市化改造是可行的，城郊农业景观不仅可以是城市生态的补充，也可以是城市生活方式、城市文化传统的延伸与拓展。因此，我们应将农业农村融入城市生态景观体系，重点创新开发模式，发挥农业的多功能特性，在保持农业农村资源自然生态属性的基础上将其

---

① 翟辉."斑块·边界·基质·廊道"与城市的断想[J].华中建筑,2001(3).
② 翟辉."斑块·边界·基质·廊道"与城市的断想[J].华中建筑,2001(3).
③ 尹成杰.农业多功能性与推进现代农业建设[J].中国农村经济,2007(7).

有效地融入整个城区建设。

农家乐、乡村旅游是当前城郊农业农村资源开发的一种重要形式。但是，从整个城市生态景观的大视野来看，这是远远不够的。我们要将这些农业农村景观设计成城市开放空间（狭义的城市绿地）的重要组成部分。王云才[①]在对城乡景观综合体的考察基础上认为，城市郊区传统产业的发展已不具备当前的产业发展优势，郊区最大的优势是担负起城市景观生态保护和满足城市居民游憩休闲的高层次需求，郊区应该成为一种以生态景观为主体，游憩景观与其他协调景观耦合的开放空间。农业农村资源应该连片地被综合开发，使其成为向市民开放的农业公园，发挥其生态、休闲、教育、体验、文化传承等综合公益性作用。从这一层面来看，对于城郊农业农村资源的开发投入应该与城市开放空间（城市绿地）建设等同。与城市公园的展示功能相比，农业公园还承载着生产、生活的复合功能。不仅如此，其还具备建设及运营上的成本优势。周年兴、俞孔坚[②]认为，与城市公园比较，城市农田可将废弃的土地利用起来。这些农田可由社区居民进行维护，从而大大降低运行成本，并可使拆迁的费用降到最低点。

廊道一般分为人工廊道（artificial corridor）和自然廊道（natural corridor）两大类[③]。连通城乡的水泥硬化路属于常见的人工廊道。在鱼米之乡的江南，连通城乡的天然水系则是重要的自然廊道。这些密布的城郊水系与四周的农田一起构成了一个城郊湿地生态。在农业农村斑块的开发中，河流（水系）廊道也是一个重要环节。将城郊水系生态治理与城郊景观设计有机结合，可达到水污染控制与水系景观恢复的双重效果[④]。

① 王云才.论都市郊区游憩景观规划与景观生态保护——以北京市郊区游憩景观规划为例[J].地理研究.2003(3).

② 周年兴，俞孔坚.农田与城市的自然融合[J].规划师，2003(3).

③ 车生泉.城市绿色廊道研究[J].城市生态研究，2001(11).

④ 郭怀成，王金凤，刘永，等.城市水系功能治理方法及应用[J].地理研究，2006(4).

第二节　研究思路

一、创新城郊农业农村资源开发的观念

在新城区的建设中,地方政府往往通过申请转变土地性质、修改相应规划,将周边的农业农村资源开发为城区的形态。但由于国家土地管理政策的限制,这种开发模式又难以为继,城区空间的扩展受到限制,因此人们只能寻找新的发展空间。从生态城市建设的视角来看,我们必须突破原有的认识误区,创新城市发展建设的观念,建构新的思路来统筹整个城市发展建设与农业农村资源开发模式之间的关系。结合研究综述,我们认为,当前要树立三种观念。

1. 全域城镇化

要区分"城市建设"与"城区建设"的概念。地方政府在城市化中往往将"城市建设"狭隘地理解为"城区建设"。城市建设在城乡一体的要求下,是一个"全域建设"的概念,涵括整个行政区划的发展建设。农村基础设施的完善、农村公共服务的推进、农村居住环境的改善是城市建设的有机组成部分。全域城市化就是从区域整体统筹发展的高度出发,将城市发展建设的空间布局延展至整个行政区划,这是一种必然的趋势。城郊作为城市与农村相交融的缓冲区域,其如何在保持农业农村特质的基础上合理开发具有很强的示范及实践意义。应改变狭隘的"城区建设"观,建立起"全域城市化"的新观念。

将城市周边的农业农村资源开发纳入城市建设的体系中来,使其成为主城区与周边城镇之间的缓冲区域,将主城区与周边城镇区域有机地连接在一起,使后者成为城市发展的次中心,形成城区发展的集群效应。

2. 生态城镇化

生态是人类生存所必须依赖的环境基础,生态环境的恶化会大大降低人类的生活品质。钢筋水泥的建筑破坏了原有的生态环境及其结构,汽车

排放的尾气又加剧了生态的恶化。在城市中应尽量保留原有生态的资源，充分利用这些资源进行生态的自我净化，为城市居民提供一个良好的生活环境，提升生活的质量。如在研究综述中所提及的"指状"城市发展模式中，城郊发展模式的最佳状态是，尽可能多地保留农业农村原有的生态资源，使其成为城区生态系统的有机组成部分。生态观必须在全域范围内进行规划，农业农村的生态资源可以是城市绿地的重要组成部分。与改造后的城市绿地相比，原汁原味的农业农村资源从建造与运营成本上来说具有更多的优势，而且原始生态环境的生态效益也要远远超过人工改造的城市绿地。

3.景观城镇化

田园是人类向往和谐恬静生活的一种永恒意象。田园景致所呈现的不仅仅是一种物质空间的适宜，还包括一种精神追求与人文关怀的凝结。在"城区"的不断扩张中，这些原本与自然亲近的田园景观离人们的生活越来越远。农村是全域城市化的重要组成部分，农业农村的建设发展也要参照城市建设的模式与标准，对其进行景观化的改造，既为农村居民提供宜居环境，同时也为城市居民提供宜游、宜乐的休闲环境。

基于此，在对农业农村资源开发时要把握三个原则：一要从全域出发进行城市化的规划布局，统筹城乡发展；二要从全域的生态补偿、生态平衡出发，在尽量保留农业农村资源原始特性的基础上，合理开发；三要以城区建设的方式来建设农村，将农业农村资源以城市景观塑造的方式进行改造。

二、创新城郊农业农村资源开发的模式

生态景观学提供了很好的分析与规划框架，在农业农村资源的开发中，要充分利用"基底—廊道—斑块"的理论架构，在系统布局规划的基础上，有效地进行开发利用（见图 4-2）。

1.基底资源的开发利用

就基底而言，江南地区城郊区域主要是农田与河道水系湿地。在规划建设中要充分考虑这些基底的原始生态环境。连片的农田可以根据其种植品种的不同而开发为不同类型的开放式农业公园，如水稻农业公园、鲜蔬农业公园。开放式农业公园与农家乐休闲旅游不同，开放式农业公园是城市

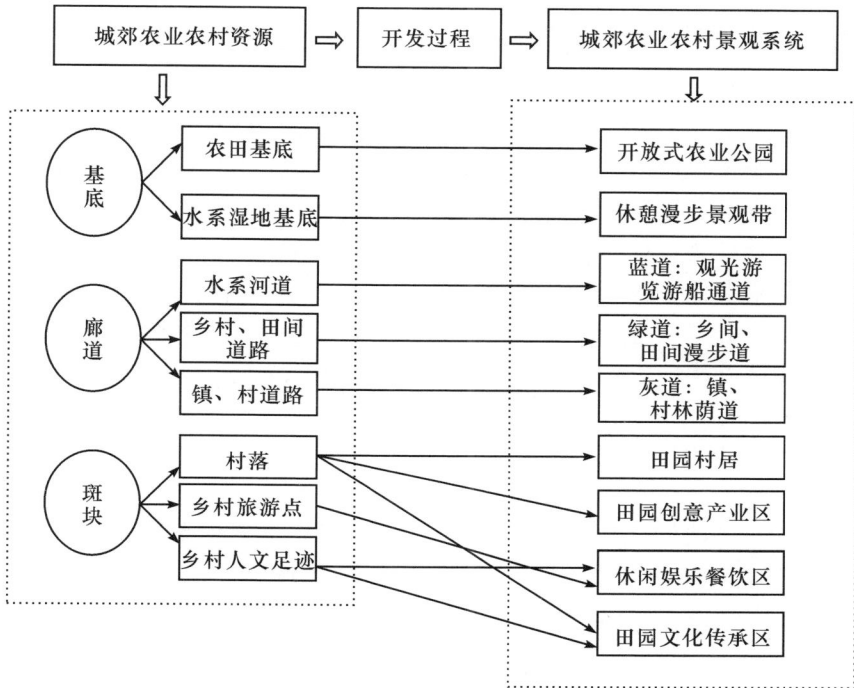

图 4-2　农业农村资源开发路径

敞开空间的组成部分,参观与游玩是免费的,其功能与城市公园(绿地)大致相同,是城市居民休闲休憩的场所。

农田的阡陌交通、灌溉的河道水系与周边的环境构成了一个水系湿地环境,在开发中要将其有机地融入整个农业公园系统之中,成为人们休憩漫步的景观带。

2.廊道资源的整合利用

廊道是连接城区与城郊的重要通道,合理的通道能够大大提升农业农村资源的开发绩效。廊道主要有三类廊道:一是蓝道(观光游览游船通道),如果在对水系景观带进行治理之后,开通水上交通,可以让参观者泛舟而行,参观游览农业公园及其他景点;二是绿道,在开放式农业公园及湿地带区域要规划一条贯穿其间的漫步栈道(自行车道),便于居民参观游憩;三是灰道,连接城区到农业公园、湿地带的道路,以水泥路为主,要强化两边的绿化。

3.斑块资源的改造利用

斑块主要指农田中的基础设施、村居村路以及一些文化遗迹。村居的改造要与农业公园的开发相配套，其规划建设要具有江南乡村的特色。对于符合条件的村居，要尽量保留老建筑，打造小桥流水的江南风韵。在新村改造迁居之后，对有些旧的村居，可以考虑应用 LOFT① 的打造模式，由相应的专业团队进行规划设计，将原来普通的村居改造成具有现代艺术气息的乡村景观。对于这种 LOFT 建筑，可以考虑组织城市中创意企业的团队在改造后的村居中租用场地，形成一个中小规模的创意产业的创作园区。文化遗迹则可以被开发为田园文化的传承点（小型博物馆），弘扬乡村乡土文化。

三、创新城郊农业农村资源开发的机制

新城区的建设一般情况下是由县区级政府统一规划布局的，其功能区块的建设由政府安排专门机构进行开发管理，而城郊"三农"农村资源的开发则往往是所在乡镇（街道）按照县区政府的整体要求各自进行的，这导致这些区块缺少一种开发的规模效应。在城郊"三农"资源开发中，要协调乡镇（街道）、涉农相关部门、农户之间的关系。

1.区级统筹

在区级层面成立相应的协调统筹组织。具体操作上要建立相应的临时性专设机构进行统一开发。鉴于其作为城市绿地的公益属性，开发要纳入区级城市基础设施建设规划体系中，由区级财政承担基础设施的投入。

2.乡镇联动

乡镇要进行规划整合，在原功能区规划的基础上，形成一个区级统筹的开发规划。在投入与受益上要进行合理的分配。

---

① LOFT 主要指由旧工厂、仓库、乡村礼堂、大型民居等改造成的具有现代化功能的开敞空间。

3. 部门联动

"三农"资源开发涉及国土、农林、水利、建设、规划等部门。各个部门要在区级协调机构的统一协调下进行协作。要按照统一的规划,分头负责相关项目的指导、落实。

4. 农户联动

在基础设施建设上,基本上保持原有的农业生产格局,组建农业公园合作社,将分散经营的农户组织起来,按照整个农业公园的种养特色,引导农户进行"精耕细作"的生态性种植。农户种养的产品的销售渠道有:由合作社与相关机构签订合同,统一出售;在公园内,划定一定的区域,供农户进行产品交易;吸引市民现场采摘购买。不鼓励将大片土地流转后,由某一特定组织或个人种养,要尽量鼓励本地农户自己经营。

第三节　研究实例

一、鄞州新城区建设情况概述

鄞州中心城区是在农田和村居的基础上建立起来的一座现代化的"新城"。鄞州新城区开发建设起步于 1995 年,开发面积为 12 平方千米。2003年,鄞县撤县设区后,城市化进程加快,根据城市化发展的要求,将中心区改名为新城区,核心区面积扩大至 33 平方千米,功能定位调整为鄞州区政治、商贸、居住、科技和教育中心。在规划中,鄞州新城区作为宁波市三江片的重要组成部分,充分借鉴国际国内城市建设的先进理念,力求体现出独特的个性,提出了"一心、二轴、三环、四廊、三十六个结点"的生态城市空间布局,将城市水系、绿地与商贸、生态休闲有机地结合起来,形成"城在水中、水在城中、绿在城中、城在绿中"的空间格局。鉴于对原有的农田及水系资源的保留,在鄞州新城区建设中融入了生态城市建设的理念。在城市形象方面,围绕"城在绿中,水在城中"的建设目标,1000 亩(1 亩＝0.067 公顷)高教园区绿化带和 400 亩鄞州公园已经建成,城区绿地总面积达到 450 万平方米。

穿城而过的奉化江、纵横交错的河网水系,使新城区水域总面积达到232公顷,占总规划面积的6.7%。目前,鄞州正着力打造实施发展质量提升、建设质量提升、文化质量提升、生活质量提升、生态质量提升的"五大战略",着力打造质量新鄞州,建设高水平城乡融合发展示范区。

二、鄞州中心城区南部延伸区域的现状及问题

鄞州新城区北部与宁波原江东区接壤,东部与东部新城、高新区、东钱湖旅游度假区接壤,西部沿江。目前,从新城区的拓展来说,南部区域空间潜力最大,但南部区域的开发也遇到较多的问题。

1. 土地指标的限制

南部地区要推进城市化,其最大的制约是土地规划问题。在《宁波市鄞州区土地利用总体规划(2006—2020年)》中,中心区南部的姜山镇、云龙镇有大量土地属于农业用地,不能进行非农的开发。姜山镇2020年耕地保有量为5781.25公顷,可用于城乡建设用地的面积仅为1107.98公顷,主要用于建制镇及集镇建设。其他情况见表4-2至表4-4。土地指标的限制使得城市区块的空间难以有效地拓展。

表4-2 鄞州区规划主要调控指标表　　　　单位:公顷

乡镇名称	2020年耕地保有量	基本农田保护面积	建设用地规模						独立建设用地	新增建设用地占用土地	新增建设用地
			城乡建设用地	城市	建制镇	集镇	村庄	采矿地			
姜山镇	5781.25	5342.00	1107.98	0.00	764.18	144.96	15.88	0.00	182.96	323.00	321.00
云龙镇	1689.90	1506.00	527.60	0.00	219.90	0.00	84.31	17.39	206.00	114.00	113.00

表4-3 街道(乡、镇)规划主要控制指标分解落实表　　　　单位:公顷

乡镇名称	基本农田	标准农田	基期耕地	规划期间耕地减少		
				小计	建设占用耕地	灾毁、生态退耕
姜山镇	5342.0	4751.4	5809.8	303.2	303.2	0.0
云龙镇	1506.0	1279.6	1721.8	141.2	91.6	49.6

表 4-4 街道(乡、镇)土地用途分区面积表 单位:公顷

乡镇	城镇建设用地区	村镇建设用地区	独立工矿区	基本农田保护区	一般林业用地区	生态林地区	一般风景旅游用地区	一般农地区	其他用地区
姜山镇	801.2	249.6	95.4	6098.7	184.7	0.0	0.0	79.1	1262.3
云龙镇	231.2	130.2	176.5	1826.9	385.1	0.0	0.0	39.8	394.1

2. 城区规划的限制

从战略角度看,姜山镇和云龙镇作为城市南部区域的延伸并没有形成一个较为明晰的全局性定位,只有一个局部性现代服务业集聚区的延伸规划。农业用地在很大程度上在主城区与镇域的建成区块之间形成一个空间上的区隔,造成城区规划南部延伸上的瓶颈。从城区建设来看,这两镇的空间衔接是城市空间拓展的必然选择。要突破这种空间区隔,则需要将这里的农业农村资源进行合理的开发,使其成为主城区与两镇之间的"连接带",拓展城市发展空间,以适应整个发展大局的需要。

三、鄞州中心城区南部延伸区域开发的规划建议

整合两个镇的农业农村资源,鄞州新城区南部延伸区块的农业农村资源可以概括为"两心、两河、四区块"(见图 4-3)。

1. 两心

两心指姜山、云龙田园生态中心镇(城市副中心)。这两个乡镇要作为城市功能区的延伸区域,成为城区的副中心,打造田园生活产业区块,一是要分流部分城市中的非核心产业(如现代制造业企业、外贸企业等),二是要考虑镇域房价的比较优势及其与中心城区的距离优势,吸纳部分新就业的城区白领居住。

中心镇的规划布局要突出绿色生态的元素,镇区改造要和周边的农业农村资源相协调,重点突出节能环保的环境友好特色。提升镇域内的产业结构,使其产业与主城区的产业有机衔接,对于镇域内现有的制造业、工业项目进行评估,或集聚至相应工业园区,或迁至镇域之外。

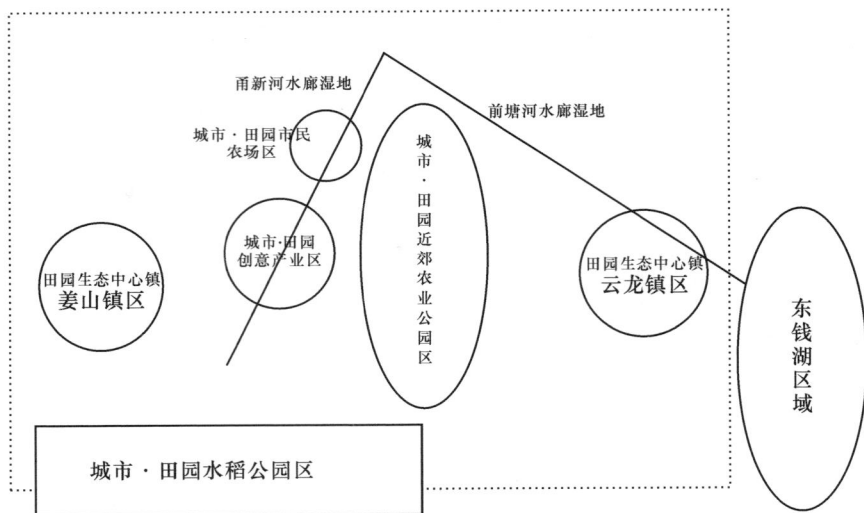

图 4-3 鄞州新城区南部延伸区块农业农村资源开发

2.两河

两河指甬新河、前塘河湿地生态带(沿河建造漫步、骑行道),是整个南部延伸区块的主体框架,其将两个副中心与主城区有机地结合在一起。同时,两河为城市稀缺的水景资源,其自身也具有景观效应。通过对两河的治理与开发,使其成为城市生态绿地及农业开放式公园的有机组成部分,兼具生态保护与休憩观光的作用,是居民周末休闲的好去处。可以考虑开通水上游船,营造泛舟游览的水乡意境。

3.四区块

四个区块是城市的景观区,也是城市的功能区。

(1)城市·田园市民农场区,可吸引市民到市民农场来认领土地,种植农作物。

(2)城市·田园近郊农业公园区,可建成免费的果蔬类开放式公园,供市民游憩采摘。

(3)城市·田园水稻公园区,这是免费水稻开放式公园,供市民游憩、体验。

　　（4）城市·田园创意产业区（博物馆）。这是通过改造新农村，将其发展成为文化创意工作室集聚区，吸引主城区的文化创业企业将一些工作室、创作团队集聚至该区块。在特定的文化传承点上，建造展示农耕文化的博物馆展示区。

第五章　文化融合与村落公共空间建设

在浙江范围内，新农村建设正如火如荼。村居建设（改造）是新农村建设中的一个重要环节。现在的村居建设（改造）较为普遍地以城市民居为其主要参考标准。城市民居的公共空间与乡村的公共空间之间存在着较大区别。从历史的维度考察，城市的空间架构未能充分考虑乡村生活观念与文化习俗的保留与传习；从民生需求的维度考察，农村分布相对比较分散，其公共空间不可能像城市那样集中共享；从民主推进的维度考虑，村民更需要就村公共事务有一个沟通、协商的机制与载体。农村的公共空间规划与"生产发展、生活宽裕、乡风文明、村容整洁、管理民主"的新农村建设目标的实现密切相关。本章主要围绕乡村的公共生活的演变而探讨新农村建设中的公共空间规划问题。

第一节　研究综述

一、公共生活与公共空间的界定

本研究主要涉及的两个概念，即公共生活与公共空间。先于此，我们要讨论"公共领域（public sphere）"及"公共性"问题。"公共领域"的概念最早由汉娜·阿伦特提出，自哈贝马斯的《公共领域的结构转型》英文版面世后则被广为关注。1962年，哈贝马斯在对西方社会公共领域的演变进行分析后，考察了资本主义公共领域的产生、发展与瓦解，其所钟情的公共领域是处在社会与国家之间的批判空间，即通过市民的自由言论与舆论的力量来制约国家的权力。关于传统中国社会中的"公共领域"问题，众说纷纭，赵红全[①]集各家之说，将之归纳为三类：存在说（地方精英对乡村事务的管理）；不存在说（自治空间是国家体制的辅助体系），第三领域说（政府与社会成员之间的相互作用空间）。本研究从农村的现实出发，较为倾向于赞同有一种以第三领域为特征的公共生活（空间）的存在。黄宗智[②]在对晚清、民国、当代中国农村社会的第三领域考察的基础上，解释了具有中国特色的第三领域空间。从当代的实践来看，村务公开、村主任直选等一系列民主机制的推行，已在国家（政府）与社会成员（村民）之间形成了某种第三领域的空间，具体表现为：需要通过某些具有影响力的人物、非正式组织来达成某些乡村管理的目标。

　　基于上述对公共性问题的简要考察，本研究主要将公共生活定位于"社会成员之间的互动"与"社会成员与政府的互动"两个方面。前者是过程意义的"公共性"问题，即通过这种成员的互动来达成某种整合的力量来与政府互动，可以视为一种政府与个体互动的一个缓冲区域。公共生活的目标导向为：以公民参与决策管理、满足公民合理利益诉求为标志的和谐农村的建构。本研究涉及的公共空间是一种狭义的概念，即满足上述公共生活需求的物质呈示空间。这种空间呈示本身是以公共生活为指向的，所以其又是硬件与软件一体的。本研究侧重于硬件的呈示空间的调查研究，同时兼述软件的具体内容。我们还可以看到公共生活与公共空间是互促的。公共生活促进某种形态的公共空间的形成，同时，公共空间又会促生某种形式的公共生活，两者密不可分。

二、公共生活的演变

　　工业化、城镇化、全球化正改变着农村公共生活。董海宁[③]将乡村公共生活的历史演变分为三个阶段。

　　（1）宗族影响下的公共生活（具体时间划分，有以新中国成立为限的，也

---

　　① 赵红全.公共领域研究综述[J].中共杭州市委党校学报，2004（4）.

　　② 黄宗智.经验与理论：中国社会、经济与法律的实践历史研究[M].北京：中国人民大学出版社，2007.

　　③ 董海宁.浙东农村社区公共生活现状的考察[D].武汉：华中师范大学，2004.

有以公社化运动为限的）。费孝通的《乡土中国》《江村经济》可以说是考察和揭示此类公共生活的经典之作。其他如 20 世纪 70、80 年代所涌现的西方学者罗威廉（William Rowe）、兰金（Mary B. Rankin）、孔复礼（Philip Kuhn）、萧邦齐（R. Keith Schoppa）等的系列研究。宗祠、村公所是这一时期的主要公共空间。

（2）国家控制下的公共生活（也有学者将这一阶段命名为集体化[①]）。这一阶段是以政治公共生活取代其他形式的公共生活，形式较为单一。大会堂是这一时期的主要公共空间。

（3）社区自治背景下的公共生活。改革开放后，特别是 1987 年《村民委员会组织法（试行）》推行后，乡村自治成为乡村管理的主要模式，由此而产生公共生活的转型。

这一划分基本上符合公共生活的演变路径。本研究基本上认同这一划分方法。

三、公共生活与公共空间的现状

董海宁[②]、夏国锋[③]分别以浙东某村及鲁西某村的公共生活为案例进行了考察。前者从村政功能的转化、老年协会、村民参与的公共娱乐、棉农的公共事件等四个方面进行了考察；后者对政治生活、生产活动及日常社会生活中的公共部分进行了考察。这些系列的考察较为深入全面，有一定的代表性。农村的公共生活是一个复杂的情况，在其他学者的研究基础上，本研究主要围绕以下四个方面进行：

（1）基于传统延续的公共生活；

（2）基于村民互动的公共生活；

（3）基于政府与村民互动的公共生活；

（4）基于非主流的公共生活（本研究未关注上访性活动这一方面）。

这些公共生活可以是正式式的，也可以是非正式的。

对于公共空间规划的研究很多，本研究主要是从公共生活需求的视角

---

① 夏国锋.乡村社会公共生活的变迁[D].武汉：华中师范大学，2007.

② 董海宁.浙东农村社区公共生活现状的考察[D].武汉：华中师范大学，2004.

③ 夏国锋.乡村社会公共生活的变迁[D].武汉：华中师范大学，2007.

来切入对公共空间的探讨。笔者认为,公共空间要考虑国情,要特别关注政府在公共空间的规划建设与引导上的重要作用。吴新叶[①]指出,"基层"具有两层含义,即"基层政权机关"(党在基层执政体系中的一个环节,具有政治权威的强制特征)和"基础性社会体系"(普通民众彼此相知相长的公共生活空间,也是基层人民群众直接参与管理国家事务和社会事务的机会和途径,具有社会自主的特征),强调从这个双重属性出发来探讨农村的公共空间,创造一种政府在场情况下的政府与社会的公共空间构建。

第二节　调研分析

　　Y区发展走在前列,投入到新农村公共空间建设的人力、资力较大,并且取得了一定的成绩,是可供我们分析的样本。本研究有选择地考察了六个行政村的公共空间:分别为X镇W村,W镇X村,J镇Z村,J镇W村,G镇J村,G镇M村。对于Y区总体的一些情况,则部分依据Y区宣传部分的专项调研资料。

　　目前,社区自治背景的下的公共生活,既有时代的特色,同时也承续了历史的印记。通过对走访的村落的具体情况的考察,基于公共生活演变而逐步形成的公共空间主要有六种。

　　1. 宗祠

　　改革开放后,宗祠以民间集资的形式逐步得到恢复,伴随于此的祭祀活动也在恢复之中,同时,与此相关的修谱、续谱活动也有滥觞之势。宗祠是作为古代以宗族、家族内部互动为主线的公共生活的延续,在历史上的乡村治理中一度有着重要的作用。当前宗族的观念有些弱化,但是仍然有着重要的影响。祠堂的功用还不仅于此,许多地方的祠堂还承载着聚会场所的作用,结婚、丧礼都是在祠堂中举行。在婚丧嫁娶等形式互动中,血亲、姻亲之间的内部关联得以延续、拓展。笔者曾在J镇W村的祠堂里参加过一次上梁庆祝聚会。

---

　　①　吴新叶.农村基层公共空间中的政府在场[J].武汉大学学报(哲学社会科学版),2008(1).

2. 民间庙观（乡间教堂、家庭教会聚所）

宗教政策开放了，民间庙观随之而复兴。在泛神崇拜的农村，庙观的数量较多，几乎村村都有供奉乡土神祇的庙宇、神社，有些基于历史的原因大些，有些小些。庙观兴起后，随之而来的是三种类型的公共生活：

（1）群众自发筹资邀请剧团在庙观内演戏，这既有宗教活动的特质，同时也是娱乐活动；

（2）与超度、祈福等有关的结社念经活动；

（3）以庙观为集聚点，进行修桥、铺路的慈善活动。

笔者在调研时参观了两个民间的庙观。一个是乾崇庙，那里经常有越剧演出、老年人集会，庙门口的红榜单张贴着捐资的情况，平时常有老年人集会做法事。另一个庙观是 G 镇 J 村的小庙，参观时老年人正在念经、折元宝。据了解该庙在某些特定的节日有类似的法事活动，是老年人自发组织的。在部分村中家庭教会聚所较多，但其运作较为隐秘，笔者未能深入了解。

3. 会议室

会议室是村党支部、村民大会等召开会议的场所，也是村级较为正式的公共空间。目前村里的农民协会、合作社，从性质上来说属于民间组织，而其互动上带有较强的政府色彩，其互动的实现也是以较为正式的会议形式展开的。

4. 综合活动室

新农村建设中的一个重要项目就是综合活动室的建设，Y 区的 404 个行政村共有综合活动室 316 个，总面积达 75400 平方米。综合活动室逐渐成为村民活动的主要场所，村民们在那里看电视，进行棋牌类、球类竞技。参加者还是以老年人为主体。综合活动室与图书室、老年协会等是整合在一起的。许多村级的文娱团体也是在综合活动室开展活动的。Y 区有文化娱乐类队伍 334 支，参与人数 9000 多人，其中各类演艺队、业余剧团、曲艺队、文艺队等演艺类队伍 146 支，参与人数 3500 余人，舞龙、舞狮、腰鼓、秧歌、马灯、高跷、彩船、大头和尚等民间文艺类队伍 188 支，参与人数 5100 余人。

5. 户外公共设施

户外的公共设施主要有公园、体育路径、篮球场等。Y区分布于各行政村的大小休闲公园有252个，体育路径有383条，村篮球场有232个。以此为依托，Y区有体育健身类队伍602支，参与人数16200多人，包括广场舞、健身舞、竹板舞、太极拳、木兰扇、扇子舞、门球、木球、篮球等20余种项目。

6. 零散集会场所

零散集会场所如报栏、公告栏、小店等。中老年村民常常会聚集在报栏边、小店里，谈论时政，发表意见。这里同时也是村内信息沟通的主要场所。

以上六种类型的公共空间，归纳后主要有四类：

(1)政府与群众沟通的公共空间，如会议室；

(2)传统公共生活延续相关的公共空间，如宗祠、庙观；

(3)以趣缘为纽带的公共空间，如综合活动室、户外娱乐设施；

(4)非正式的互动空间。

在这四类空间中，以会议室为代表的公共空间是政府与群众互动的直接场所。其他三种并未与政府直接互动，但是却能极大地影响政府与群众的互动效果。具体表现在：

(1)在村级选举中家族、宗族的影响力较大，以血缘为标志的亲疏观直接影响选民的投票取向，而血缘关系的深化就是通过宗祠及其相应的活动而得以实现的。在冲突及调解方面，宗族、家族势力很容易使个体之间的冲撞上升为一种群体性的对抗，而宗族、家族中有威望的人在调节这类问题中能起到重要的作用。

(2)民间庙观所承载的是一种消灾免难、求福求安的心理诉求的实现，而这种基于宗教倾向的活动稳定性较强，在参与个体之间较易就某个问题产生共识，进而对治理产生正向或负向的效应。有些民间的庙观、教会组织甚至可能演变成某种邪教的潜流。民间的宗教活动对于某些政策的实施有一定的阻碍作用，对于选举也有影响。当然，其也可以被视为一种非正式的协调渠道。

(3)趣缘类型的公共生活已经成为一种显性的农村公共生活。在娱乐活动中，个体之间构建一种超越血缘的互动纽带，形成了新型的互动模式。G镇M村就试行了一种以妇女互动为载体的治理模式，村里的妇女以义工、娱乐等形式组织起来，在趣缘互动中，妇女之间形成一种新的参照价值观，能够较好地跳出个人的非理性利益诉求。这一做法在对村级矛盾的调解中取得了较好的效果。

（4）非正式的公共生活在农村中也显得很重要，村里的信息就是通过这些渠道得以传播扩散，东家长西家短之间的话题成为议论主题，同时，对于当前村级事务的观点也是借由这一渠道而互相交流的。其还承载着一个抱怨、发牢骚、表达不满的功用。

这些以公共生活为主要依托的公共空间对于乡村的治理而言呈现出各自不同的影响效果，有其积极的一面，也有其消极的一面。目前乡村公共空间规划中主要存在的问题有：

（1）基层政府在对农村的公共生活认知上较为防范负面效果的产生，因此对于群众聚集性质的公共生活倾向于不提倡；

（2）在规划中，基层政府较多地考虑硬件的建设，而缺乏从实际需求出发的对现实性、前瞻性的全盘考虑；

（3）对于某些形成的公共空间缺乏有效的疏导与管理，容易滋生某些不稳定的因素，如民间庙观、家庭教会等很容易被某些人利用而成为潜在的负面场所。

第三节　政策建议

政府应通过对当前农民的公共生活进行有效梳理而系统地规划公共空间，同时又通过对公共空间的营造而促进正向的公共生活。具体而言，政府需要从以下三个方面着力。

1. 确立正确的观念

政府要将以控制为导向的治理范式逐步转变为以服务为特征的治理范式，即依靠群众的自治，依靠社会力量来达成治理的效果。基于历史与现实的考察，我们要强调一种基于政府与群众之间的中间组织（力量）对于政策的影响，特别要关注群众与群众间的公共生活与这种影响力之间的关系。在乡村治理中，除了依托党支部与村委会的领导外，还要依靠农村现存的某些非正式的组织与活动来达成某些政策目标。

2.硬件与软件建设同步

在建设规划中要充分考虑村与村之间的差异,不能用一种模式进行推广。各个村的实际情况不同,其公共生活的内容与形式也不同。有些村宗族文化底蕴深,有些村在趣缘上有更多的共同点。对于不同的公共生活形式应提供不同的公共空间样式,这样才能够更好地符合实际的需求。除了硬件建设之外,还要考虑如何使这些硬件发挥其实际的作用。目前,有些公共的活动空间还处在严重的闲置中,没有软件的支撑。软件的建设不仅仅能够使这些硬件设施被有效地应用起来,同时还可以起到一种政府介入的作用而有效地对其进行引导。

3.适当的引导与有效的管理

我国的治理范式是以政府在场为特征的,公共空间的建设也需要营造一种政府在场的氛围。政府在场不是政府主导的控制,而是一种引导,即通过政府的参与将负面的公共生活导向正面。民间庙观的运作基本上是缺少引导的,其参与人员素质相对较低,大多是本着一种实用主义的倾向进行宗教活动,极容易被某些不良势力利用而成为具有邪教性质的群体,甚至演变为对抗政府的势力。政府除了对这些场所进行严格登记管理外,还需要邀请宗教神职人员对这一人群进行正信的宗教引导,以确保这一人群的公共生活符合和谐社会的内在需求。

第六章　社会融合与新村拆迁安置政策

从产权理论去考察，产权的本身存在相对性、不完全性的特征，产权边界的界定是置于某种特定的社会关系与政治结构之中的，集体产权的这一特征更加明显。农房是一种集体产权形态。在当前的现实情境中，对其拆迁安置过程的公平性问题研究若只是聚焦在法律或是政策层面是不够的，还要从特定的村落（社区）政治—社会关系情境中去考察。本章援用组织行为学中的互动公平理论，开展对于集体产权拆迁安置问题的研究。本研究表明，嵌入"关系"中的集体产权，以人际处理与信息沟通为主要形式的互动公平，对于整体公平评价有更为重要的影响。

第一节　文献综述与问题聚焦

对"产权"很难给出一个清晰的定义，在不同的学术情境下，对"产权"的界定是不同的。产权理论基于历史、文化、地理情境的差异而展现出复杂的理论建构。本研究将之简单化，从两种维度解析"产权"：一是倾向于"实体化"的认知；另一是从"非实体化"视角来界定。倾向于"实体化"的认知，专指法律保障的某种物权形态，特指"拥有"某种"资产"（有形、无形），并保有此"资产"而衍生出一系列的使用、收益、处置等权益。"产权"从狭义的角度很容易被理解为基于某种"物权"特征的所有权，即"财产权"，这也是一种惯常的见解。财产权指向所有权（排他性的占有权）以及其他附属权益。《中华人民共和国民法典》第二百四十条规定："所有权人对自己的不动产或者动产，依法享有占有、使用、收益和处分的权利。"在当今日趋法治化的时代，产权的法定属性已经成为一种共识，但是事实上，在某些情境中，即便是法律所界定的产权，其绝对边界也是很难界定清楚的，在技术上也很难实现绝对的排他占有与排除争议，因为在这个过程中交易成本不为零的事实是客观存在的。因此，我们需要从"非实体化"视角来界定"产权"。若将产权置于社会关系、政治结构之中去考察，物化的实体形态只是"产权"的某种表象，产权不是单纯的人与物的关系，而是由物的存在所引起的人与人之间的某种行为关系。在这种认知中，产权可以被标注为用以确定使用某种稀缺资源时的地位的经济和社会关系①。从这种关系的结构中去考察产权，更加符合现实的情境。若要去追述"产权"的历史考察，则产权政治与社会关系结构会显得更为明显，英国哲学家约翰·洛克所定义的"自然权利"（nature right）很大程度上是不存在的，产权的获得，从名义上看是法律所赋予并维系与保障的，而实际上则要复杂得多。实体化与非实体的两种认知，并不是互相割裂的认知，但是在侧重上是有所不同的。产权必定要有所指向，既要与某种实体发生关联，但是更为重要的是要在产权持有"人"的政治权利与社会关系中去界定产权的事实权益。

本研究以为，有必要区分"法定产权"（property de jure）与"事实产权"（property de facto）。法定产权与事实产权之间并不等同，法定产权往往并不能达到其法定的边界。产权经济学是产权研究的显学，其从关注"非实体化"的产权出发，将之置于复杂的关系结构之中，揭示出产权的相对性、不完整性特征。产权的不完整性阐述框架，沿用了"成本—收益"的分析框架，即存在一个维护产权的成本与维护产权（产权界定程度）所能带来的收益相等的临界点，在这个临界点投入的边际收益为零，从理性人假定出发，不再愿意继续投入，但这一点并不是产权的完全边界（可能是法定的产权边界），因此，在产权的最大界定边界与这个临界点之间存在一个"公共领域"（public domain）。因为公共领域的存在，私人的产权存在被稀释（attenuation of rights）的问题②。这是从一种市场化的关系中看产权的不完整性。巴泽尔也讨论过制度规则与产权之间的关系。登姆塞茨在其"所有权残缺"（the truncation of ownership）理论③中指出了政治力量（国家）在制度安排上的某种约束限制问题，国家可以根据某些情况改变产权的归属，这更加接近于一种政治经济学的视角。虽然登姆塞茨不能被看作是典型的政治经济学

---

① 菲吕博腾，配杰威齐.产权与经济理论[M]//科斯·R，阿尔钦·A，诺斯·D.财产权利与制度变迁：产权学派与新制度学派译文集.上海：上海三联书店，1994：204
② 巴泽尔.产权的经济分析[M].上海：上海人民出版社，上海三联书店，1997：88—92.
③ 登姆塞茨·H.一个研究所有制的框架[M]//科斯·R，阿尔钦·A，诺斯·D.财产权利与制度变迁：产权学派与新制度学派译文集.上海：上海三联书店，1994：186—190.

家,但至少我们可以将产权治理从某种私人领域转向一种嵌入在更为复杂的政治结构里的治理形态。在产权经济学的视域之中,产权的排他性与获得满意(最大化)的权益,是需要支付成本的,即交易费用是不为零的,所以产权的不完全性是客观的。产权有私人产权、公共产权两种不同的形态,私人产权尚且会被稀释,公共产权的不完整性特征更加明显。由此,对于这种产权的治理,从经济学的"成本—收益"理论出发,其法定权益的边界产权持有人未必有意愿去完全达到,或者说他会主动或是被动地接受产权稀释的现实。

在中国情境的农村产权集体所有制度中,"私人权益"是嵌入在"集体产权"的结构之中的,以宅基地为例,农村土地的所有权是集体所有的,农民在事实上占有该产权,并获取使用权、收益权等一系列附属权益。农村的集体产权是符合形态的,同时具备了公共产权与私人产权的特性。在农村不发展,即产权的权益不明显的情况下,农村的产权边界很模糊,一旦涉及由产权带来的收益时,这种产权的纷争也就会显现。农村集体土地的确权等法定程序在部分区域已经完成或正在进行,但是这种确权本身存在许多认定障碍。而且,即便已经确权,产权持有者事实上也未必能够按照自身的意愿获得最佳(乃至满意)的产权权益。另一方面,私人利益必须是要置于集体行动(collective action)的一致性前提下才能够实现的,即农民之间的利益机制是一个共同体,个人的产权权益选择并不是无约束的,而是置于区域政治环境①和社区(群)关系之中的。对于马克思主义的产权理论,研究者会有许多的视角。毋庸置疑,马克思对于产权的考察,是置于生产力与生产关系之背景中的。此外,马克思的产权理论指出,产权的相关权利是可以相分离的,如土地所有权、占有权、使用权的分离,劳动力的所有权与使用权(支配权)的分离②。关于产权的可分离性,其他学者也有所探究。既然产权是可以分离的,则产权的政治建构与社会建构问题成为特别需要去关注的领域。对于集体产权来说,其法定名义上(formal)的所有权与实际(real)所享有的权利之间存在很大的差异③,集体(公共)产权中个体的权益边界更加

---

① 政治环境包括很多方面,区域政策设定的历史情境依赖,即政策延续的惯性(或是黏性)是不可能在短时间内做出修正的,另一方面,与施政者的政治理念也有关联。

② 吴易风. 产权理论:马克思和科斯的比较[J]. 中国社会科学,2007(2).

③ 陈志新. 城市化背景下农村集体产权的界定[J]. 江苏农村经济,2006(1).

不清晰。边界不清晰，就更加容易将某些权利暴露于"公共领域"之中。一方面（政治建构视域），地方政府存在剥夺个体所享有的集体产权权益的可能性，土地成为地方政府追求发展目标时的重要资源，地方政府倾向于在土地征用等过程中，在法律及政策限制中实现自身利益的最大化。在集体产权的治理过程中会融入一个政府直接介入的政治议程。另一方面（社会建构视域），集体产权的个体占有、使用的边界，是嵌入在中国乡村中更为复杂的社会关系架构之中。产权的社会学建构，已经成为一些社会学学者所辟出的一个新视角①。建立在某种社会期待上的非正式合约，即社会性合约②，在产权界定上要比正式的、法律程式化的合约来得更加贴近现实的情境。嵌入社会关系中的产权界定规则是多元的、不确定的，产权治理的公平原则也是多元化的③。

　　本研究所要聚焦的研究问题是中国情境中农村的"集体产权"，其治理过程基于个体的"公平性"④是如何建构与评价的。诸多研究以及实务界的建议导向很大程度上聚焦于法定以及程序上的公平，而事实上这种法定以及程序上的公平是难以完全实现公平的。基于集体产权的法定权益，在县域之间、村落之间、个体之间是难以标准化的，并不具备一个清晰的治理框架，而是具有在县域政策限制下村落集体裁量的特征，是区隔的、个案的。单纯着眼于法律及政策层面的公平是不够，因为在宅基地的拆迁安置领域中，政策的区域性（县域、镇域、镇域内不同项目之间）差异很大，这些差异一方面来自各区域不同的经济社会条件，另一方面来自各区域所执行的政策

---

　　① 周雪光. "关系产权"：产权制度的一个社会学解释[J]. 社会学研究，2005(2)；折晓叶，陈婴婴. 产权怎样界定——一份集体产权私化的社会文本[J]. 社会学研究，2005(4)；曹正汉. 产权的社会建构逻辑——从博弈论的观点评中国社会学家的产权研究[J]. 社会学研究，2008(1).

　　② 折晓叶，陈婴婴. 产权怎样界定——一份集体产权私化的社会文本[J]. 社会学研究，2005（4）：1—43.

　　③ 曹正汉. 产权的社会建构逻辑——从博弈论的观点评中国社会学家的产权研究[J]. 社会学研究，2008（1）.

　　④ 本文所设定的"公平"（justice，也翻译作"正义"）回避了罗尔斯等学者从政治哲学意义上的讨论，政治哲学意义上的"正义"是一种普遍性的道德或是伦理准则，而本文的"公平"是从组织行为学上，作为一种社会心理学层面的个体所认知的"公平"，这种公平可以是对某种经济状态的公平性认知（如判断投入与产出之间是否公平），也可以是社会情感层面（socioemotion）的公平性认知。我们避开了深层次的哲学讨论，指向一种实践层面（operational level）的感知。本研究在问卷中援用"公平公正"一词，假定在相对独立、封闭的社区中的个体，其价值观念等方面存在着很大的相同性，对于"公平公正"的认识存在一种朴素的同一性。

惯性（政策的前后一致性）。个体在面对区域政策政治环境时是难以施加影响的（极端的方法是用脚投票，集体抵制或者上访），如对于区域之间政策的差异，人们在很多时候能感知其不公平，但是只能"无奈"地接受。对于区域之间政策差异的不公平感知在很大程度上反而显得不那么显著，而是村域内部成员之间的被对待的公平性以及自身在这个过程中被对待的程度，对于其公平性认知的影响更加显著。在农村的宅基地拆迁安置中，地方政府（县域政府或乡镇政府）—村集体（乡村权威）—村民个体之间形成了一种特定的政治—社会结构（political-social structure）。因此，以村落（社区）为单位的微观领域的政治情境与社会互动成为公平性认知的重要维度。本章援用组织行为学中的"互动公平"（interactional justice）理论架构来开展研究①。较为成熟的"互动公平"理论由社会学家谢默霍恩提出②。互动公平是组织公平（organizational justice）的一种，其理论聚焦于在程序实施过程中相关人员所接受的人际待遇（interpersonal treatment）。互动公平有两种③：一种是人际公平（interpersonal justice），即组织权威和第三方在执行组织程序以及确定产出中，相关人员被礼貌、尊严、尊重地对待的程度；另一种是信息公平（informational justice），即对执行程序以及产出分配做出解释，让参与者获得更多的信息，解释得越充分则所感知的越公平。

本研究致力于从集体产权不完全的基本理论认定出发，揭示一种个体对于集体产权治理模式的公平性认知与集体产权治理中微观过程（micro-process）之间的关系。在这个微观过程中，个体的法定产权是嵌入在政治与社会关系结构之中的。一方面在拆迁安置的区域性政策中，个体的法定产权被视为是"给定"的，是不能够自由选择的；另一方面，在政府介入的拆迁安置过程中，政治过程（如拆迁安置的程序）的传导是通过社区（社群）的

---

① 互动公平的研究只是在一种特定情境中的研究，即在集体产权的个体产权（权益）分配边界不清晰的情况下，一种公平形态的探究。这种探究未必是一种适意性的探究（理想状态时由法律来维护公正性），但是在现行的，乃至过去很长一段时间的集体产权治理模式中，以及未来法律与政策难以有较快突破的情境下，讨论公平性问题不失为一种有益的探索。

② Schermerhorn J R, Managing Organizational Behavior [M]. Boston：Pitman Pub Co, 1986.

③ Greenberg J. Organizational justice：Yesterday, today, and tomorrow [J]. Journal of Management，1990，16(2).

社会关系得以实现的[①]。集体产权与公平性认知涉及许多的领域，本研究主要聚焦于"宅基地拆迁安置"的问题。宅基地拆迁安置涉及重点工程项目（包括城镇规划区内的拆迁安置）与新村建设两种形式，前者是属于政府主导的项目，后者原则上属于村集体自主项目。这里的所谓自主项目就是村集体选择性参与政府的新村建设项目，并获得政府的政策性补助。本研究进一步聚焦于新村建设项目。这类项目在浙江范围内属于"农房两改"中的"农村住房集中改建"，但各县区在具体操作上有所不同[②]。

第二节　理论建构与研究框架

组织公正中有分配公平（distributive justice）、程序公平（procedural justice）、互动公平（interactional justice）三种公平[③]。本章主要考察在个体的"集体产权"权益不完整的情境下，目标对象（宅基地拆迁安住农户）的一般（总体）公平感知（general justice）与分配公平、程序公平与互动公平之间的关系，重点考察互动公平是不是要比分配公平和程序公平对于一般感知更加显著。社区（社群）可以视为一种特定意义上的"组织"，但是它比一般的组织要复杂得多。现代的组织（企业、非政府组织等）成员之间主要是基于"业缘"，即共同的职业聚集在一个组织之内，寻求的更多是自身的"（经济、社会等）成就"。而在农村社区（社群）中，人与人之间的地缘、血缘所构筑的关系要复杂得多，利益的相关性也要复杂得多。所以本研究需要以现有的组织公正理论为基础进行适用性边界的界定与阐述，对于理论的适用性进行深入的探究与讨论。整体来说，本章的研究框架如图 6-1 所示，主题是建构一般公平与三种公平认知之间的逻辑关系，公平认知则是通过"公平

---

　　① 在中国情境中，政治互动与社会互动是整合的，政府在很多时候选择合宜的代理人（村干部）来操作。

　　② 在城镇规划区内的或是重点工程项目的拆迁安置与新村建设（农房两改）的拆迁安置在很大程度上是等同的，只是补偿安置的形式不同，其争议产权认定等方面存在着等同性。

　　③ 鉴于三个公平的研究情境，本章在参考现有相关理论基础上，根据本研究的需求来适当构建变量。

　　程序公平与互动公平之间存在一些交互的边界，这个在具体的研究也没有达成一些共识，本章侧重于互动公平的建构，由此而对程序公平作出相应的"工作边界（working definition）"（本研究情境中的临时性边界）。

理论→公平认知→变量测定"的步骤来完成技术上的测定。

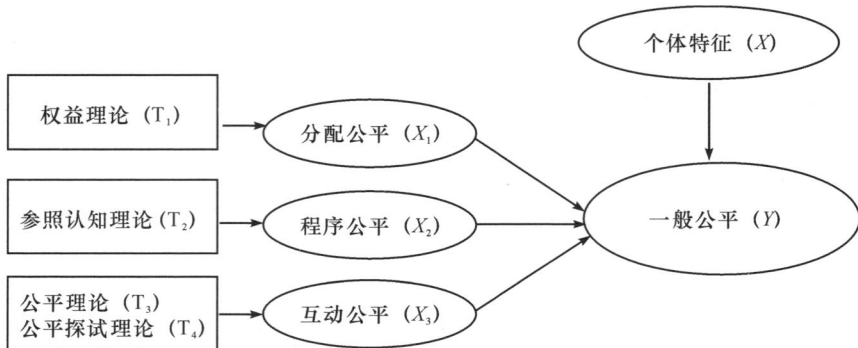

图 6-1 互动公平(正义)模型变量关系

在继续讨论三种公平之前，要导入四个相关的理论：权益理论(equity theory)、参照认知理论(referent cognitions theory)、公平理论(fairness theory)、公平探试①理论(fairness heuristic theory②)。

在图 6-1 中，T_1 代表权益理论，其主要是以投入与产出比来衡量，即考察不同个体的相同投入是否能获得相同的产出，若产出相同，则视为公平，若不同，则视为不公平。该理论主要指向分配公平。

T_2 代表参照认知理论。对于不同的程序选择(alternative)，所能预期的产出是不同的，对于高参照(high referent)，即具有高产出的程序，感知的公正度也高。但若成员认可组织的合法性与稳定性，则可以接受自己所处的不利地位(disadvantage)。

T_3 代表公平理论。该理论参照认知理论侧重于经济社会层面的参照(referent)，而未涉及社会情感(socioemotional)层面。公平理论是对参照认知理论的修正。该理论指出，要确定某个条件是公平的，要做出三个方面的判断，即分别对照于不利条件、负责任的对象的行动以及过程中所采用的得到准则，而考察其在现实情境中"可能"(would)、"可以"(could)、"应该"(should)发生的情况。

---

① 学者们大多将其翻译成公平启发理论，我觉得用"探试"比较妥切，就是说个体对于公平的认知是一个探试性的动态过程，通过对于各种信息的导入与分析，逐渐转变公平性认知。

② Lind E A. Fairness heuristic theory: Justice judgments as pivotal cognitions in organizational relations[J]. Advances in Organizational Justice，2001，56(8).

T_4 代表公平探试理论。从实证的角度来说，公平探试理论更为适用。该理论解决了一个悬置的公平评估（测量）问题，即可能存在一个基本的两难问题（fundamental social dilemma）：一方面，置于社会组织中可以实现自己的目标，保证自己的社会地位；另一方面，那也将自己置于一个被剥削、被拒绝和身份损失的威胁之中。参与者与权威之间存在不确定性，存在诸如权威是否会无偏见地对待他，是否会认可其为社会组织中的合法成员的不确定。由于获得的信息既不充分也不完全，所以要采用试探性（heuristics）或是认知捷径（cognitive shortcuts）去引导之后的行为。对于最早接收的信息要比后面接收的信息更加采信，个体往往会把自己"黏"在最初的公平印象中。另外，如果有关别人产出的信息缺失，则会通过程序信息来做出相应的判断。公平探试理论认为公平的认知是植入在一个动态的过程之中，而由某种所能获得的信息进行探试而逐步建立起来的。

公平探试理论与将个体的权益嵌入集体产权架构之中的农房拆迁安置模式是相契合的。以法律与政策为参照的分配与程序的绝对标准是很难设定的，农房的拆迁安置更多是"个案"的，部分的权益由法律所确定（确权而获得权证），还有一部分，如旧房质量的评估、违章补偿的评估、无权证的实际占有土地（如明堂、猪舍等）的认定、权益资格的认定（如外嫁女等）、争议产权（如有权证的一户多宅等）的认定等，则由协商确定的正式或非正式的村规民约所界定解决，或是由相关的权威团队就"个案"本身讨论解决，因此，社区的权威（负责任的人），既是个体权益的代理，同时又是个体权益的认定人（团队），其与村民的互动显得尤为重要。对于个体而言，既要设法获得权威的认可，同时又对权威抱有不信任的想法（避免自身潜在利益受到损害），所以对公平的感知是一个"试探性"的过程，其所感知的公平，是在对权威的最初印象、通过直接接触中被对待的方式、所获取的信息的数量（质量）等动态的过程中逐渐确立起来的。

第三节　变量说明与基本假定

本章主要采用描述统计以及多元线性回归模型来进行理论验证。本研究所涉及的测定变量以及基本假定如表 6-1 所示。

表 6-1　变量基本情况(描述统计)

变量			样本	最高	最低	平均值	标准差
拆迁特征	区位	远郊[a]	316	1	0	0.53	0.500
	拆迁形式	拆购分离[b]	316	1	0	0.71	0.455
拆迁户特征	政治身份	党员或村民代表[c]	316	1	0	0.26	0.437
	经济状况	人均2万及以下[d]	316	1	0	0.48	0.500
	社会关系		316	5	1	2.32	1.041
一般公平感知			316	5	1	2.95	0.996
分配公平感知	村域间补偿标准认知		316	5	1	2.00	0.612
	村域内补偿标准认知		316	5	1	2.64	0.853
程序公平感知	政策公平感知		316	5	1	2.56	0.785
	政策有利程度		316	4	1	2.15	0.735
互动公平感知	权威评价	村干部信任度	316	5	1	2.78	0.945
		谈判小组信任度	316	5	1	2.62	0.934
	人际对待	对待态度满意度	316	5	1	2.80	0.903
		冲突经历	316	5	1	2.07	1.029
	信息传达	过程参与	316	5	1	2.40	0.929
		信息沟通满意度	316	5	1	2.57	0.929
		政策的解释与理解	316	5	1	2.59	0.870

注:a.以近郊为参照;b.以面积补偿为参照;c.以非党员、村民代表为参照;d.以人均收入2万元以上为参照。

1.拆迁特征

拆迁特征主要分为拆迁的区位以及拆迁形式。

(1)拆迁所处区位

拆迁所处区位分为近郊与远郊。近郊又包括城区周边(城郊)、镇区周边(镇郊)。在城区、镇区的规划区内,所采用的拆迁安置政策以参照城镇拆迁安置、重点工程项目的拆迁办法为主,要比新村建设的政策优惠很多。其基本假定为 H_{c1}。

H_{c1}：城郊、镇郊区域应用新村建设政策开展拆迁安置的农户对于公平性感知相对较差。

（2）拆迁形式

当前的拆迁形式主要分为拆购分离与面积置换。拆购分离就是对拆旧的农房进行货币补偿，对新建住房的申购需要农户自己出资，享受不同价位的扩户价格。拆购分离在不同区域的执行也有所不同，如慈溪、余姚、萧山等是按照"拆砖头补人头"，即申购面积不再按照拆旧面积额定，而是按照农户人口数额定申购面积，而鄞州采用的是按照拆旧面积进行额定。面积置换，即是按照权证以及认可的事实产权进行等面积置换，农户不需要自己出资。其基本假定为 H_{c2}。

H_{c2}：面积置换模式的公平性感知要相对较高。

2．**拆迁户特征**

拆迁户自身的特征会影响其对于公平性感知的影响。拆迁户自身的特征包括以下几点。

（1）政治身份

党员、村民代表有更多的机会参与拆迁安置过程，获取更多的"内部"信息（心理上认可的可靠信息）。其基本假定为 H_{c3}。

H_{c3}：党员、村民代表的公平感知相对较好。

（2）经济状况

经济状况分为两档：2 万元及以下；2 万元以上。对于农民来说，2 万元纯收入属于平均水平。其基本假定为 H_{c4}。

H_{c4}：经济状况差的家庭，公平感知相对较差。

（3）社会关系

这里主要考察家庭在村域内的家族数量情况（由农户自我判断），按照 5 分量表进行自评（很多、多、一般、少、极少）。在中国的社区（社群）中，宗族是一个重要的影响因素，家族越多，则过程中安全感更强。其基本假定为 H_{c5}。

H_{c5}：家族势力庞大的家庭，公平性感知相对较好。

3．**一般公平感知**

本研究并不对"公平"问题作深入的学理探究。在现实情境中，"公平公正"是一个现代的常用词。本研究假定，在同一（类）社区中，被拆迁安置的农民对于"公平公正"存在一个趋同的朴素认知。

对于一般公平感知的测量是在综合层面对于整个拆迁安置过程进行公平性的评价(非常公平、比较公平、一般公平、比较不公平、非常不公平)。问卷用李克特五点量表测定,依次赋予 1～5 分,下同。

4.分配公平感知

从农村宅基地的拆迁安置中,我们比较容易将现有面积视为"投入",而将能置换的面积视为"产出",而在投入和产出比之间进行自我评估与参照评估。本研究对于分配公平的界定主要是基于"补偿标准"(即政策层面的补偿方式)。

对于分配公平感知的测量可分为:(1)村域间补偿标准(分配)的公平性感知(非常公平、比较公平、一般公平、比较不公平、非常不公平);(2)村域内补偿标准(分配)的公平性感知(非常公平、比较公平、一般公平、比较不公平、非常不公平)。对于分配公平感知我们有假定如下。

H_1:我们可以在某种程度上假定,从参照角度上来说,因为产权边界不清晰,难以对产出形成一个权威性的标准,会比较容易导向于认为自身获得的补偿"差"于其他人(区域)。

H_{1-1}:分配公平对于一般公平的解释度相对较差(即线性关系不显著)。集体产权的部分缺失,在法律层面并不存在一个客观标准,所以对于分配公平的标准存在一种认知上的"不公平"印象。

H_{1-2}:村域间的不公平性感知相比较村域内的不公平感知要差。农户更加喜欢城镇的拆迁补偿模式。

5.程序公平感知

现有的拆迁安置程序(方案、政策)是否有利于达到预期的产出效果。对于宅基地拆迁安置政策的公平性评价[①],本研究主要是基于补偿以及拆迁面积认定的程序(政策流程)的感知来测量程序公平。一般情况下会形成一个新村建设的村规民约,程序公平主要考察的是对于村规民约本身以及执行的公平性感知。

对于程序公平感知的测量包括:(1)整个政策程序的公平性判断(非常

---

① 程序公平与互动公平在技术上存在着难以很好地区分的问题,本研究主要将程序公平聚焦于对于政策(程序)公平性的一种认知。

公平、比较公平、一般公平、比较不公平、非常不公平）；（2）补偿方案（如面积认定等程序）对于自身（家庭）的有利程度（非常有利、比较有利、一般有利、比较不利、非常不利）。

对于程序公平感知我们有假定如下。

H_2：在面积认定方式上，存在很多"一户一宅"的处理方式，所以整体上会存在一个别人的面积认定比我更加优惠的认定。在认定方式的判断上，也存在模糊性，程序公平的认定相对较差，且对总体公平认知解释度较差。

集体产权的边界相对模糊。在农村土地依法确权之前，农村集体土地的使用情况相对比较复杂，即便是确权之后，村民之间、村民与村组织之间也存在某些土地产权的使用纠纷，如经济条件相对较好，且与村里关系较好的农民，审批获得的宅基地面积较大。还存在政策外的一户多宅的情况。从法定产权上来说，这些应该都是算入合法面积的，但是在实际的操作中，一般都是按照人均的面积限制，进行总量置换面积的控制，超过部分不享受相应的面积置换，而是予以某个标准的货币补偿。所以在刚性的村规民约基础上，柔性的执行程序过程，即互动公平的问题显得更具影响。

6.互动公平感知

嵌入在政治结构、社会关系中的集体产权治理、人际对待与信息畅通会成为宅基地拆迁安置公平性的重要影响因子。分配公平与程序公平的判断在很大程度上还是依据于"硬条件"的，而互动公平的基点是在"社会情感"（socioemotional）层面。互动公平更带着一种主观性的评判标准。

对于互动公平感知我们有假定如下。

H_3：在分配和程序公平感知相对较低、差异性不大的情况下，互动公平对于一般公平（general）感知影响更大。

（1）权威（信任）评价

权威就是对于农民权益具备话语权、影响力的社区（群）精英，如村干部、退居的村干部以及其他有影响力的人员。

对权威（信任）评价的测量包括：1）村级班子的信任度评价（非常信任、比较信任、一般信任、比较不信任、非常不信任）；2）谈判小组（直接与村民谈判、签约的团队）的信任度评价（非常信任、比较信任、一般信任、比较不信任、非常不信任）。

对于权威（信任）评价我们有假定如下。

H_{3-1}：村级班子以及谈判小组的信任度对于一般公平感知影响显著。相比较而言，直接与拆迁户沟通交流的谈判小组的信任度的影响更为显著。

（2）人际对待

人际对待主要指的是在拆迁安置过程中拆迁户的受尊重程度。

对人际对待的测量包括：1）谈判小组整体的工作方式、工作态度是否令人满意（非常满意、比较满意、一般满意、比较不满意、非常不满意）；2）与村干部以及谈判小组的激烈冲突经历（非常多，较多，一般，较少，没有）。

对于人际对待我们有假定如下。

H_{3-2}：谈判小组的工作态度以及冲突经历对于一般公平感知影响显著，后者的影响更加显著。

（3）信息传达

信息的告知频率、告知方式影响其公平性感知。

对信息传达的测量包括：1）过程参与频率的判断（非常多、比较多、一般、比较少、非常少）；2）信息沟通满意度的整体判断，包括信息的数量、可靠性以及及时性等（非常满意、比较满意、一般满意、比较不满意、非常不满意）；3）政策的解释与理解程度（非常好、比较好、一般、比较不好、非常不好）。

对于信息传达我们有假定如下。

H_{3-3}：过程参与频率、信息沟通满意度、政策的解释与理解程度对于一般公平感知影响显著。

第四节　模型建构与实证分析

一、模型建构

1. 变量

应变量（Y）：一般公平感知。

自变量（X）：分配公平感知（$X_1 = x_{11}, x_{12}, \cdots, x_{1n}$）；程序公平感知（$X_2 = x_{21}, x_{22}, \cdots, x_{2n}$）；互动公平感知（$X_3 = x_{31}, x_{32}, \cdots, x_{3n}$）。

控制变量（$X_c = X_{c1} + X_{c2}$）：拆迁特征（$X_{c1} = x_{c11}, x_{c12}, \cdots, x_{c1n}$）；拆迁户特征（$X_{c21} = x_{c21}, x_{c22}, \cdots, x_{c2n}$）。

随机误差项（$E = e_1, e_2, \cdots, e_n$）。

2. 模型:阶层回归法

模型 1:$Y = X_c + e_1$　　　　$(X = x_1, x_2, \cdots, x_n)$

模型 2:$Y = X_c + X_1 + e_2$

模型 3:$Y = X_c + X_1 + X_2 + e_3$

模型 4:$Y = X_c + X_1 + X_2 + X_3 + e_4$

采用线性回归方法和自变量强迫进入(enter)法,由 SPSS 软件运算。

二、调研说明

本研究制作分发了 350 份问卷,回收有效问卷 316 份。

三、问卷信度

本研究的量表采用的是李克特的五点量表。问卷总量表信度 Cronbach's Alpha(α)的值为 0.820,在"甚佳"的范围内,互动公平组的信度 Cronbach's Alpha(α)值为 0.663,在"尚可"的范围内,符合信度的要求。

四、实证结果

1. 描述性统计结果

具体测定的结果见表 6-1。

调研样本为 316 户,其中近郊村 167 户,远郊 149 户;采用拆购分离模式的 224 户,采用面积补偿的 92 户;拥有党员、村民代表的家庭 82 户;年收入在 2 万元及以下的家庭 155 户。

一般(总体)公平感知的平均值是 2.95,接近中间值,即达到"一般公平"水平,公平感知趋于中性状态。在分配公平感知中,村域间补偿标准(分配)的公平性感知的值为 2.00,村域内补偿标准(分配)的公平性感知为 2.64,都相对较低,证明了 H_1、H_{1-2} 的假定。在程序公平感知中,整个政策程序的公平性判断的值为 2.56,补偿方案(如面积认定等程序)对于自身(家庭)的有利程度的值为 2.15,证明了 H_2 的假定。在互动公平感知中,对村干部的信任度(2.78)要略高于对谈判小组的信任度(2.62),拆迁户的过程参与评价相对较低(2.40),信息沟通满意度(2.57)、政策的解释与理解度(2.59)也相对较低。

2. 线性回归分析结果

线性回归分析结果见表 6-2。

表 6-2 回归分析结果

模型			模型 1	模型 2	模型 3	模型 4
一般公平感知						
拆迁特征	区位	远郊[a]	0.119**	0.088	0.063	0.057
	拆迁形式	拆购分离[b]	0.110	0.066	0.053	−0.003
拆迁户特征	政治身份	党员、村民代表[c]	−0.002	0.041	0.069*	0.041
	经济状况	2万元及以下[d]	0.301****	0.134**	0.071	−0.070
	社会关系		0.177***	0.113	0.054	0.008
分配公平感知	村域间补偿标准认知			0.156***	0.113***	0.071
	村域内补偿标准认知			0.457****	0.311****	0.164****
程序公平感知	政策公平感知				0.228****	0.114
	政策有利程度				0.257****	0.201
互动公平感知	权威评价	村干部信任度				0.041
		谈判小组信任度				0.099*
	人际对待	对待态度满意度				0.138**
		冲突经历				−0.231****
	信息传达	过程参与				−0.208
		信息沟通满意度				0.236****
		政策的解释与理解				0.041
常数			2.088	0.476	−0.213	0.440
N			316	316	316	316
R			0.425	0.626	0.727	0.838
R^2			0.180	0.329	0.529	0.702
调整 R^2			0.167	0.378	0.515	0.686
F			13.569****	28.086****	37.73****	43.419****

注:(1)* $p<0.1$;** $p<0.05$;*** $p<0.01$;**** $p<0.0001$。
(2)a. 以近郊为参照;b. 以面积补偿为参照;c. 以非党员、村民代表为参照;d. 以人均收入 2 万元以上为参照。

模型 1：参照近郊，远郊拆迁户对一般公平性感知要显著（$p<0.05$）。近郊区域的新村建设拆迁户在政策诉求上希望与城镇拆迁、重点项目工程靠近，远郊拆迁户相对来说心态比较平和，这种诉求没有那么强烈。这证明了 H_{c1} 的假定。以人均收入 2 万元以上为参照，人均收入 2 万元及以下的拆迁户的一般公平性感知要显著（$p<0.0001$），这与 H_{c4} 的假定相反，可能的情况是拆迁户在填写问卷时，存在低估收入的可能，另一方面在问卷设定上收入的区分不够明显。社会关系对于一般公平性感知的影响显著（$p<0.01$），家族势力可以带来更多的安全感，影响其对公平性的感知。这证明了 H_{c5} 的假定。

模型 2：在分配公平感知中，村域间补偿标准（分配）的公平性感知（$p<0.01$）与村域内补偿标准（分配）的公平性感知（$p<0.0001$）对一般公平感知的影响显著，相比较而言，村域内的分配公平性更为显著。

模型 3：分配公平感知的两个变量（$p<0.01$，$p<0.0001$）以及程序公平感知的两个变量（$p<0.0001$，$p<0.0001$）对于一般公平感知都显著。

模型 4：村域内补偿标准认知（$p<0.0001$）、谈判小组信任度（$p<0.1$）、对待态度满意度（$p<0.05$）、冲突经历（$p<0.0001$）、信息沟通满意度（$p<0.0001$）对于一般公平感知影响显著。对照模型 2、模型 3，我们可以证明 H_1、H_2、H_3 的假定，即互动公平感知比分配公平感知、程序公平感知的影响更为显著。在互动公平的权威评价、人际对待、信息传达中，人际对待的影响更加显著。在权威评价中，直接与拆迁户接触的谈判小组的信任度（$p<0.1$）较村干部的信任度影响更显著，证明 H_{3-2} 的假定。在人际对待中，冲突经历的影响更为显著。在信息传达中，信息沟通满意度的影响更为显著。过程参与呈现负向关系，即参与越多，公平感知越差，这个大概是与在参与过程中，更加接近一些信息的"真相"，拆迁户之间的信息沟通增加有关，认知上会觉得别人比自己得到更多。

3. 回归模型对因变量解释度分析

对于模型 1，其与以拆迁户特征为自变量有关，调整 R^2 为 18.0%；对于模型 2，加入了"分配公平感知"变量之后，调整 R^2，增加为 32.9%；对于模型 3，再增加"程序公平感知"变量之后，调整 R^2，增加至 52.9%；对于模型 4，又增加了"互动公平感知"变量，则调整 R^2，增加至 70.2%。模型对于因变量的解释度是在不断增加的，说明在很大程度上模型建构的"互动公平感知"对于"一般公平感知"的解释度较好。另外，模型 4 的共线性统计量 VIF 值都小于 5，统计上排除多重共线性问题。

第五节　结论与建议

本章用"互动公平"研究"集体产权"的公平性感知的适用性。公平可以是一种"权益"层面的度量，但是公平本身更多的是一种"社会情感"层面的反映，是基于客观事实的主观感知。集体产权的边界是置于某种"关系化"的架构之中的，个体权益置于集体权益之中，集体权益又受限于区域（县域）制度体系，集体中的个体权益很难直观地经由法定的经济社会利益直接而单纯地进行评断。在一种社会关系结构中，人们的公平性感知是在与他人、其他区域的比较、参照的过程中，以及在这个过程中权威的可信性、自身是否获得尊重、自身是否被公平对待、自身是否被完全告知等社会互动现实中进行探试性的评价。此即是公平探试理论的一个视角。在集体产权存在不完全特性（潜在缺损）的情境下，要保障其权益，很大程度上要超越法律意义上的确权、维权，而是利用现有政治架构下的乡村秩序去自发地介入与调解，以实现一种"社会情感"层面的公平性。在当前的情境中以互动公平来研究集体产权的治理是适用的，也是需要去拓展的。

产权的不同制度安排会导致收益—报酬的差异。但是，在现实情境中，这种产权安排本身是很难做出适意的调整的。这存在制度变迁的路径依赖困境，一旦某种制度被长期执行，即便是这项制度本身在某种程度上存在缺陷，为了体现参照意义上的公平，也很难予以修正，这也导致了在分配、程序层面公平性的局限。

关于分配、程序与互动公平之间的关系讨论，从本研究出发，笔者更加愿意看到在法制化框架下，以法律作为公平的保障。但是，从现实层面上去考察，基于区域的政策惯性，以及集体土地边界界定的高"交易成本"现实，分配与程序的公平难以被法律规定，或者说难以实现一种法律确权下的"量化"交易。从实证的结果来看，一旦有互动公平感知变量介入，分配与程序公平的解释度就会有所降低。互动公平，就是在社群互动中实现某种公平，这种公平认知，在分配与程序没有办法进行大幅度修正的情况下，成为整个公平认知的重要影响因素。

但在现实中,农村的集体产权制度不可能像城镇中国有产权一样量化,并可被分割而进入市场。由本研究的新村建设项目拓展开去,乃至对整个涉及农村区域的城镇化过程来说,必须接受集体产权制度的硬约束。这种个体权益在集体产权中的界定会是一个长期且持续的问题。集体产权势必以为必须在互动中去体现公平,在互动中去实现公平,即便是在政策变量有很大变化的情境下。这种集体产权的特性决定了互动公平的有效性。

关于互动公平内涵的讨论,本章认为,社群中个体的社会关系很复杂,从整体来说,在中国的情境中,政府会在很大程度上直接介入社会生活之中,政治互动成为社会关系中的重要环节,村干部与谈判小组(权威)个体的修养以及工作方式外化为拆迁户所感知的工作态度(对待方式),并且成为公平性的判断标准。极端而言,在拆迁安置过程中,交往与谈判的冲突会成为一个重要的影响因素。事实上,信息的沟通与传达成为另一个重要的影响因素,对于产权处置的信息沟通、解释(信息传达),能够从情理方面予以解释、说服,成为在拆迁安置过程中处理边界争议的重要方式。本研究从权威信任、对待方式、信息传达三个维度建构了"互动公平"的层次。当然,还可以援用一些社会学的理论,对于互动公平进行更为深入的探究。

本文对于互动公平的讨论,是基于当前拆迁安置模式(或者说当前分配与程序)约束之下的公平形态。拓展而言之,我们所能期待的是一种政府不直接介入的拆迁安置模式,由市场机制来实现产权的交易决定。

对策建议:从宏观上来说,当然是要强化法律法规的执行,切实保障农民的权益,促进拆迁安置政策在全域内的整合与统一。这在短期内存在一定的困难。从互动公平的角度上来说,主要可以做以下几个方面的工作:一是重构权威群体的信任度;二是规范与改进谈判小组的工作方式;三是营造公平公正的拆迁安置文化;四是强化拆迁户的过程参与。

第三篇 系统治理：
包容性公共政策的治理形态

第七章　县域农业产业链治理与农民利益分享

第一节　问题提出

2011年1月19日《宁波日报》发表了题为"浙江省省长与农民代表对话农产品价格"的报道。报道说：在浙江省的"两会"中，省人大代表、慈溪市蔬菜开发有限公司董事长张建昌与省长吕祖善就农产品价格问题直接对话。张指出，农产品的生产成本涨幅较大，但农产品价格却受市场波动大幅回落(1.5元/千克下降到0.4元/千克)，中间商为保证其经营收益，压低收购价，农民利益大大受损。从当前的情况看，农民除受到传统的气候、技术、市场因素的影响外，政策调控风险也日益明显。张建昌建议，要完善农产品流通体制，压缩中间商定价权，健全农产品市场机制。吕祖善省长提出，宁波可以先试点直销模式，让城里老百姓得到实惠，让农民多赚点钱，政府在这方面会给予支持。

这是一个供应链治理的问题，农户处在供应链的最低端，其自身的议价能力较弱，又极其容易受到外部气候、市场等因素的影响，往往获得供应链增值中最少的利益分成。如何在供应链治理中提高农户的利益分享份额，切实促进农民增收，是一个值得关注与研究的话题。政府近些年加大了对"三农"领域的投入，通过要素补贴、合作社扶持、发展农村物流业、农超对接等形式对农户进行政策支持，但在很多时候，这种扶持很难起到预想的作用，究其原因则是对供应链结构缺少一个系统性的考察，以至于缺少一种系统性的制度安排。本章要讨论的问题就是，如何从供应链的结构与价值增长流程中来建构一种有效的制度，保障农户获得更多的分享收益。

第二节　文献综述

在完全竞争的市场竞争机制中，农户与其交换主体之间的利益分配是以均衡价格机制来确定的。实际上，在这种分配机制中存在着市场失效的情况。Costa-Font、Serra 和 Gil 等[①]发现西班牙的加泰罗尼亚（Catalan）地区葡萄的农场门市价格（farm-gate price）下降而葡萄酒的价格保持稳定（略增）。该论文运用德尔菲法（Delphi）分析指出，其中原因是过量的生产、市场结构的缺陷以及不完全的（纵向）价格传导机制。从市场结构而言，市场主体的力量不均衡、合作社的议价能力弱是主要原因；从价格的纵向传导机制而言，合约机制的缺乏、纵向一体化的不成熟、下游企业的不正常利润是主要原因。过量生产在一定程度上归咎于市场结构的缺陷与价格机制的不完善。同时，过量生产也会导致这种缺陷的加剧，从而形成一种恶性循环。我们以市场机制（即供应链各个流程的增值情况）为基础，以供应链结构为框架，来探讨农户获得利益分享的内在机制。

一、供应链的价值实现（价格传导机制）与农户的利益分享机制的关系考察

农户价格是以其终端消费价格为参照，而消费价格的形成是由最终交易的消费市场决定的。农户获取的价格来自供应链的传导机制（农户在大多数情况下不与终端消费者发生关系），中间环节越多，则分配给农户的相对较少。Sachan、Sahay 和 Sharma[②]在对印度农产品供应链的研究中指出，中间商（intermediaries）占有大量本该由农户所得的利润，60％～80％的消费者支付的价格流向了中间商。同时，这种结构导致了低效。消费者支付的价格高（比农场门市价格高 3～4 倍，而这一价格在发达国家只有

---

①　Costa-Font M，Serra T，Gil J M，et al. Explaining low farm-gate prices in the Catalan wine sector[J]. International Journal of Wine Business Research，2009，21(2).

②　Sachan A，Sahay B S，Sharma D. Developing Indian grain supply chain cost model：a system dynamics approach[J]. International Journal of Productivity and Performance Management，2005，54(3).

1.5～2倍），意味着中间商多，信息传递环节多，因此不利于信息的流动。印度奶业部门的实践则说明，结构性的调整（供应链环节的合作）能提高绩效。减少中间的环节，对于农户而言可以获得更高的收益。Lawson、Guthrie 和 Cameron 等[①]研究了新西兰的"农民市场"，即由农民直接向消费者提供产品的模式，关注了农民的合作模式。

二、供应链各个主体之间的关系与利益分享机制的考察

从逻辑上来说，利益分享机制归因于利益主体间的关系结构（relation structure），依存度、紧密度强则能较为公平地分享利益。Redondo 和 Fierro[②] 指出，供应商与客户之间通过互相交流、互相合作的方式，建立了以承诺（commitment）与满意为标准的长期稳定关系，这种关系提高了违约的机会成本，能够促成双赢。Gellynck 和 Molnár[③] 将供应链各主体的关系归纳为现货市场、非合约性关系及合约关系、基于关系的联盟、基于公平的联盟、纵向一体化等五个方面。对于农户而言，以现货市场的交易为主，这就导致了这种利益关系的失衡。Zhang 和 Aramyan[④] 则以中国的供应链为例，进行了深入的研究，在分析上述几种关系的基础上，应用制度经济学方法，提出市场治理、双边（联合）治理（关系契约）、三方治理（新古典学契约）三种治理结构在农产品供应链环节中的应用。市场的治理在很多时候是失效的。双边治理，需要强化农户与供应链的直接关系，在主体之间建立一种"强"关系。而三方治理则需要有政府、NGO（非政府组织）等第三方组织在场。供应链各环节主体间关系结构"再造"可以促进一种新的利益分享机制的形成。

---

　　① Lawson R，Guthrie J，Cameron A，et al. Creating value through cooperation：An investigation of farmers' markets in New Zealand[J]. British Food Journal,2008,110(1).

　　② Redondo Y P, Fierro J J C. Moderating effect of type of product exchanged in long-term orientation of firm-supplier relationships：an empirical study[J]. Journal of Product & Brand Management,2005,14(7).

　　③ Gellynck X，Molnár A. Chain governance structures：the European traditional food sector [J]. British Food Journal，2009,111(8).

　　④ Zhang X Y，Aramyan L H. A conceptual framework for supply chain governance：An application to agri-food chains in China[J]. China Agricultural Economic Review，2009，1(2).

三、消费偏好、品质属性与新的利益分享机制的形成

在食品危机肆虐的时代，消费者群体的需求有变化的倾向（consuming trends）。Nosi 和 Zanni[①] 指出了在消费模型转化中的修正供给模型。消费者消费偏好的改变，对于供应链内部的合作提出了新的要求，即要求供应链上各主体之间保持密切的互动，这为农户的利益分享带来新的契机。Mergenthaler、Weinberger 和 Qaim[②] 基于对于越南园艺出口的计量分析，强调发展中国家需要对国际及国家内部城市区域消费者高质量产品的需求动向做出恰当的调整，需要改善行业链各环节的合作，包括处于上游的农民。Ruben，Boselie 和 Lu[③] 通过对泰国曼谷与中国南京的超市采购机制（procurement regimes）的研究，揭示了就交易成本而言，首选的供应商（preferred suppliers，即种植农户）的比批发商的要低。基于消费者对商品品质需求提升的现实，超市的采购渠道需要由批发商转向种植农户，并寻求一种更为紧密的合作方式，以达到双赢的目的。

消费偏好的商品的实现，体现在农产品特性上。品质属性的实现，则依赖于供应链主体之间的合作。Northen[④] 指出，消费者所关注的品质属性（quality attribute）主要包括产品属性（product attribute）与处理属性（process attribute）。产品的内在品质属性，如口味、色泽、营养成分等，则是由最初级的生产者所决定的，产品的外在品质属性，如加工工艺、包装等，则由供应链的其他环节完成。产品的这些品质属性是一体的。Stræte[⑤] 提到以发展食品的多样性来提高其附加产值。该文章以传统—有机、无产地

---

① Nosi C，Zanni L. Moving from "typical products" to "food-related services"：The Slow Food case as a new business paradigm[J]. British Food Journal，2004，106(10/11).

② Mergenthaler M，Weinberger K，Qaim M. Quality assurance programs and access to international markets：the case of horticultural processors in Vietnam [J]. Supply Chain Management：An International Journal，2009，14(5).

③ Ruben R，Boselie D，Lu H. Vegetables procurement by Asian supermarkets：a transaction cost approach[J]. Supply Chain Management：An International Journal，2007，12(1).

④ Northen J R. Quality attributes and quality cues：Effective communication in the UK meat supply chain[J]. British Food Journal，2000，102(3).

⑤ Stræte E P. Modes of qualities in development of speciality food[J]. British Food Journal，2008，110(1).

要求—本土化两个维度,划分了四类产品,即标准化食品、本地食品、有机食品、本地有机食品。这种产品特性与供应链的供给模式之间有关联。相对于农户而言,若提供本地有机食品则供应链对其依托度进一步加大,对其利益分享有利。

第三节 模型分析与案例研究

就上文的文献综述,我们应用模型分析与案例研究的方法,从三个方面去深入研究。

一、农产品供应链中的价值实现路径与农户分享:模型分析

图 7-1 所示为农产品供应链中的价值实现路径图。

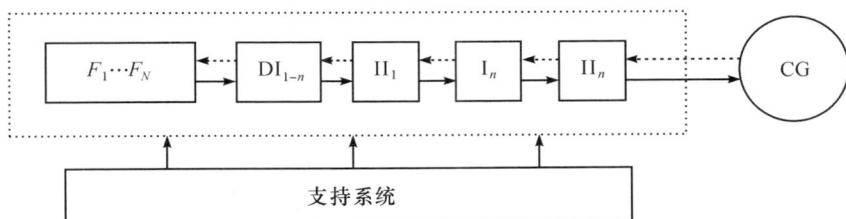

图 7-1 农产品供应链中的价值实现路径

从图 7-1 的供应链价值实现路径分析中我们可以得到农户分享价格:

$$P = P_C + \alpha_1 AF + \alpha_2 F + \alpha_3 DI + \alpha_4 R + \alpha_5 II + \alpha_6 SC + \alpha_7 SG + \alpha_8 SS + \varepsilon$$

式中:P 表示农户分享价格;P_C 表示终端价格(消费者购买价格);AF 表示农产品的特征,包括种类、品质属性;F 表示农户特征,包括数量和组织化程度;DI 表示直接中间商的特征,包括数量、市场地位、预期收益;R 表示农户与中间商的关系类型,包括合约、联盟、无明显联系;II 表示非直接中间商的特征,包括纵向环节数、市场地位;SC 表示供应链的特征,即信息流通渠道;SG 表示消费者群体特征,即需求偏好;SS 表示支持体系特征,包括补贴、NGO&NPO、监管;$\alpha_i(i=1,\cdots,8)$ 表示参数。

从理论上来说,只要获得充分的数据,这一价格是可以计算的,但是在实际上,这是有困难的。这个模型假设,让我们能够直观地看到这种价格的

形成机制。我们从下面两组数据去分析,可以看出大概的情况。以西兰花为例①,农民的出售价格(即收购价格)为 0.3 元/500 克,批发商的价格为 0.5 元/500 克,二道贩子的价格为 0.7 元/500 克,市场价格为 2 元/500 克。另外一个数据,以土豆为例②,农民的出售价格为 0.6 元/500 克,收购商(菜商)的价格为 1.0 元/500 克,批发商的价格为 1.3 元/500 克或 1.5 元/500 克,市场价格为 1.8 元/500 克。若生产成本为农民的出售价格的 50%,则在第一例中,农户仅获得产品增值的 8%,第二例中略高,为 20%。从风险而言,中间商主要受市场的影响,而农户还要受到气候、自然灾害等影响,其隐性的风险成本更高。从这一研究中,直观地看,如果减少中间商数量,对于农户价格分享是有利的,原则上农户可以由此获得更多的收益,但是也未必尽然。我们可以说中间环节减少可以为农户获得更多的增值空间,但是具体利益的分享主要受到三个方面因素的影响:

(1)市场因素,如消费者对于产品特殊的需求偏好(如对于土鸡蛋的偏好);

(2)供应链内部结构性因素,如农户与中间商建立较为长期的供货关系,或通过合作社提高了议价能力;

(3)支持体系因素,如政府的品质认证、区域公共品牌建设等。

下面我们通过一系列案例,从微观的层面对这些因素进行考察。

二、基于农户利益分享视角的供应链治理:案例研究

1. 推进品质识别

消费是价格决定的终端,消费价格由市场供求关系决定。消费者对于某些产品的需求在很大程度上受该类产品的某些品质特性影响。具有某类品质属性的产品(如绿色食品),消费者更加愿意购买,也愿意支付更高的价格。特定品质属性的产品对农户种养提出了更高的要求,同时基于对该类产品的依赖也提升了农户在整个供应链中的议价能力,可以获得更多的收益(增值量加大,分成比例加大)。但是很多品质是难以用感官来判别的,需

---

① 浙江在线,http://zjnews.zjol.com.cn/05zjnews/system/2010/11/29/017123561.shtml.

② 宁波在线,http://money.cnnb.com.cn/system/2010/09/13/006676566.shtml.

要通过打造品牌、获得机构认证等方式来提高其品质识别度。有效地推进品质识别可以让农民获得更多的利益分享。

案例 1　打造区域公共品牌，强化品质识别，推进农户增收——鄞州区的"八戒西瓜"

鄞州区的"八戒西瓜"以统一的服务体系提升品牌的市场识别度。具体做法为：以商标管理为核心，统一生产技术，统一质量标准，统一市场销售管理，推行质量追踪制度，倡导诚信意识，维护"八戒西瓜"的信誉。充分发挥"八戒西瓜"协会的作用，按照西瓜的产前、产中、产后的管理要求，全程跟踪，全力以赴提供各项配套服务，不断完善标准化生产的服务体系建设。

（1）产前服务：秧苗和生产资料的准入制度。

（2）产中服务：全程技术指导服务。

（3）产后服务：商标使用及包装等系列销售服务。

农户只要获准加入"八戒西瓜"协会，支付较低的入会费，就可以获得"八戒西瓜"品牌的使用权。由于"八戒西瓜"的销售价格要远远超过一般品牌的西瓜价格，加入"八戒西瓜"协会后，农户收益增大。

2．再造供应链环节

再造供应链环节指的是缩短农户进入市场的流程。对于简单处理后能直接销售的农产品，要尽量减少中间商（批发商、零售商）环节；对于需要深加工的农产品，也需要减少中间环节，尽量让农户将农产品直接供应给加工厂，或者发展纵向一体化，由合作社组织加工销售。目前，主要有三个途径来解决这一问题：

（1）拓展农户市场导入渠道；

（2）鼓励与扶持区域的农产品物流企业（合作社）；

（3）推进纵向一体化（即：推进生产加工销售一条龙）。

案例 2　缩短中间环节，直接导入市场——鄞州的农超对接

2010 年 5 月，鄞州举办农产品"农超对接"洽谈会，邀请沃尔玛、麦德龙、三江等 6 家大型超市和开元名都、向阳渔港、石浦酒店等 6 家大型餐饮企业以及 19 家菜篮子企业、菜篮子基地、农业专业合作社参加洽谈。其中三江超市与姜山金鳖山休闲农庄、三江超市与陈家团村农业专业合作社、沃尔玛与五龙潭蔬菜食品有限公司、新江厦超市与引发绿色食品有限公司等 4 对农产品产销方现场签订了合作意向书。以陈家团勤丰农业专业合作社

为例，该合作社有农户 130 户，以种植蔬菜为主。在农超对接前，农产品主要以批发商收购为主，进行农超对接后，部分农户获得了高于批发商收购的价格，收入有所增加。但是，这种合作模式刚刚起步，农户、合作社、超市的合作模式还有待于进一步完善。

案例 3 生产加工销售一条龙——鄞州石碶（现已划归海曙区）庄圆粮食加工合作社

庄圆粮食加工合作社由 60 多家种粮大户组成，总种植面积达 5100 多亩，目前已实现插种、收割、烘谷等粮食生产全程机械化，并将工业发展经营理念引入农业生产。从 2008 年起，合作社在种植常规品种的基础上，相继引种了日本"越光米"、"南粳 46"等优质品种，并成功开发种植了功能米——生态富硒米，2010 年生态富硒米种植面积达到 700 多亩。与此同时，合作社引进粮食加工设施，并注册了"曲树桥"商标，走上了产、加、销一条龙之路。2010 年合作社实现销售 800 多万元，生产的生态富硒米获得第九届中国优质稻米博览会优质稻米称号，成为鄞州唯一获奖的稻米品牌。该合作社生产的大米已经成为鄞州地产最贵的大米。

3.改善供应链利益主体关系

改善供应链中各主体关系是促进农户分享的一个重要机制，其目的是通过农户自身的组织化提升其议价能力，从中间商环节争取更多的利益分享，同时通过政府与 NGO，强化农户的利益保障机制与维权机制。具体可以包括如下三个方面：

(1)农户的组织化；

(2)合约的规范化；

(3)订单农业的强化。

案例 4 以农户组织化，提升市场话语权——鄞州杖锡樱花合作社

鄞州章水镇（现已划归海曙区）杖锡片区是浙江省重要的花木种植基地，素有"中国樱花之乡"的美誉。早期，当地的樱花并不是十分的知名，老百姓卖花木也是各自为战，靠自我营销为主。在这种销售模式下，个体农民往往处于弱势地位，缺乏讨价还价的能力，几乎没有市场话语权，往往是大部分利润落入了中间商的腰包。为了扭转这种情况，在章水镇政府和鄞州区农林局的牵线搭桥下，杖锡村 20 户花农联合起来，在 2006 年 7 月成立了杖锡花木专业合作社。合作社成立之后，广大社员齐心协力，联合闯市场，

原先市场弱势群体的地位得到了根本性改变,花农的市场话语权提高了,信心和干劲也更足了。杖锡村的樱花苗木销售十分火爆,樱花苗销售出现供不应求的局面,从2010年10月至2011年3月,全村樱花苗木销售收入已达1500余万元。杖锡村家家户户都种植樱花苗,每户种植面积6亩左右,平均年收益3万元左右,与原来相比,通过合作社的模式,农户收入比原来增加了30%以上。

第四节 结论及政策建议

一、结论

(1)供应链中农户的利益分享机制必须置于一个系统的供应链结构与价值增值环节中进行通盘考量,在不同的供应链结构中,政策因素介入的环节与形式也应该有所不同。

(2)政府的政策介入要以市场规律为基础,以供应链关系为主要突破口,进行系统性创新,采取不同的政策安排,进而提高政策的有效性与针对性。

(3)从整体方面而言,农户利益分享的改善主要有两个途径:一是提高产品增值量;二是提高分享的比例。提高产品增值量,就是要实现更高的销售价格,在这种情况下,在供应链各主体分享比例不变的情况下,农户可以获得更多的收益。提高分享比例,则是在价值量不变的情况下,农户分得更多的收益。当然,能够既提高增值量,又提高分享比例则更好。

(4)从政策创新的微观层面来考量,主要有三个方面的维度:一是提高农产品的价格,降低生产成本。在古典经济理论中,限价政策对整体福利是有损害的,长期看对农户与消费者都不利。本研究主张利用市场化规律来实现这一政策目标,如政府支持品质认证来促进某类产品的增收。二是产业链结构的再造,即通过调整农户所处的产业链结构来保障农户的利益,如大力发展农产品的物流业,扶持农产品的直营店建设等。三是政府及其他支撑体系为农户提供相应的公共服务,健全农业社会服务体系,完善农户维权体系,发展农业合作社等。政策安排要从这三个方面去着力。

二、政策建议

1. 三项原则

一是系统治理原则，即通过一系列的政策来实现治理目标，考虑政策的横向协调与纵向延续，杜绝形象工程、政绩工程；二是多主体治理原则，即根据不同的情况导入不同的治理主体，公共产品由政府供给，准公共产品则由专业合作社、行业协会、NGO 等组织供给，政府给予政策与资金上的支持；三是农户受益原则，农户相对比较分散，其争取财政资源的能力较弱，很多财政扶持都流向了供应链的其他环节，所以政策制定中对于该政策的评估要从提高农户的利益角度出发。

2. 四大举措

一是支持农产品的市场品质识别。政府鼓励与扶持第三方机构对地区的农产品进行品质认证（如绿色农产品、有机农产品等），提高农产品的市场识别度；政府鼓励与扶持区域农产品公用品牌建设，让符合种养标准的农户共享该品牌，提高其市场的识别度。二是支持农户的市场导入。政府引进与扶持农产品物流企业；鼓励农户与超市对接、农户与菜场对接、农户与批发市场对接、农产品与直营店对接，减少中间商环节；为农户提供市场信息，并进行有关市场与营销指导；培育农产品经纪人。三是支持农户的合作组织，鼓励与扶持农产品的专业合作社，降低生产成本，改善产品的品质属性，提升农户的市场议价能力；鼓励与扶持合作社发展生产加工销售一条龙的纵向一体化。四是支持农户合约的法律维权。推进农产品导入市场的合约化，加大对中间商、销售商违约的监管，在"农户＋龙头企业"模式中切实维护农户的利益。

第八章 县域农产品公用品牌建设

2009 年,首届中国农产品区域公用品牌建设论坛在京召开,并且发布了《中国农产品区域公用品牌价值评估报告》。在这个报告中,宁波地区仅余姚榨菜上榜,其估计品牌价值为 54.04 亿元人民币,位居第五。截至 2009 年,余姚有榨菜基地面积 12 万亩,年产鲜榨菜头 5 亿公斤以上,加工产值 12 亿元,全国市场占有率达到 60%,并出口 10 余个国家和地区。余姚榨菜的公用品牌效应已经成为余姚榨菜行业发展的核心竞争力。农产品区域公用品牌与传统的企业自有品牌不同,它是指在一定范围内涉农企业、农民专业合作社、行业协会、农民共同使用的某一特定品牌,而非由企业法人、农民合作社、农民所持有。公用品牌的潜在经济价值已经逐渐为各级政府所重视,不少地区在其农业发展的未来规划中已经将公用品牌战略作为主要的发展战略。基于当前的行政建制及财政体制,政府主导的公用品牌的形成,以县域为地理界限是较为常见的,也是值得关注的。在县域农业发展中,已经逐渐形成了一些较为成功的公用品牌,但是围绕其形成机理、运作模式、支撑体系、品牌维护等问题的深化研究较少。本研究以宁波市鄞州区的"八戒西瓜"为例,探讨县域公用品牌的相关问题。①

---

① 余姚榨菜是一个广义上的公用品牌概念,在消费者识别上以"区域品牌"(或原产地品牌)识别为主,其各个企业还持有不同的榨菜品牌(如:"铜钱桥""富贵"为国家级名牌,"国泰"为省级名牌,"备得福"为市级名牌)。本研究所聚焦的县域公用品牌,其品牌标识更为单一,即在农产品的标识上只是一级的品牌标识,并不涉及区域内不同供给主体的二级标识问题。另外,鄞州"八戒西瓜"主要是以农户共享为主,而"余姚榨菜"主要是以企业共享为主。

第一节　研究综述

一、区域公用品牌的概念界定

农产品区域公用品牌是较为新兴的产物，整体而言研究较少。从目前笔者进行的文献搜索来看，直接使用"区域公用品牌"的研究并不多见，"区域品牌""公共品牌"等用得较为广泛。区域公用品牌主要从两个方面进行界定：一是地域；二是品牌的使用主体。《2010 中国农产品区域公用品牌价值评估报告》①将农产品区域公用品牌定义为：在特定区域内相关机构、企业、农户等所共有的，在生产地域范围、品种品质管理、品牌使用许可、品牌行销与传播等方面具有共同诉求与行动，以联合提高区域内外消费者的评价，使区域产品与区域形象共同发展的农产品品牌。这一定义基本涵括了区域公用品牌的基本特征。胡晓云等还强调，区域品牌是需要借助区域内的农产品资源优势的，同时公用品牌还具有区域的表征性意义和价值，对其所在区域的形象、美誉度、旅游等方面都起到积极的作用。

区域公用品牌的理论聚焦点在于对这类品牌的公共性问题的探讨上。公用品牌是需要通过特定的组织授权才可以使用的，它对于未授权的主体是限制使用的。同时，在被授权主体之间不存在竞争性。这是较为标准的"俱乐部"产品，即在俱乐部（取得会员资格）内部不存在排他性与竞争性，在俱乐部外部则存在排他性。国内的公用品牌的持有主体一般为政府主导的行业协会，或政府下属机构所注册的公司，从这种持有主体上来说，其俱乐部产品带有更多的公益性质，即入会（取得品牌使用权）的条件相对较低。

二、区域公用品牌的类型

区域公用品牌是以注册商标为基础的。注册商标包括商品商标、服务

---

① 中国农产品区域公用品牌价值评估课题组. 2010 中国农产品区域公用品牌价值评估报告[R]. 2011.

商标、集体商标、证明商标四类。基于区域公用品牌的公用性,其可选择的注册商标为集体商标、证明商标两类。集体商标是指以团体、协会或其他名义注册,供该组织成员在商事活动中使用,以表明使用者在该组织中的成员资格的标志。证明商标是指由对某种商品或者服务具有监督能力的组织所控制,而由该组织以外的单位或者个人使用于其商品或服务,用以证明该商品或者服务的原产地、原料、制造方法、质量或者其他特定品质的标志①。集体商标与证明商标的异同点在于②:

(1)集体商标与证明商标都是由多个生产经营者或服务提供者共同使用的商标。

(2)集体商标表明商品或服务来自同一组织,证明商标表明商品或服务的质量达到规定的特定的品质。

(3)集体商标、证明商标的申请人都必须是依法成立且具有法人资格的组织,但证明商标的申请人还必须对商品或服务的特定品质具有检测的监督能力。

(4)集体商标只要是该集体的成员均可使用,该组织以外的成员不得使用。证明商标则应当显示其开放性,只要其经营的商品或服务达到管理规则规定的特定品质就可以要求证明商标。

(5)集体商标的注册人可以在自己经营的商品或服务上使用集体商标,证明商标的注册人不能在其商品或服务上使用该商标。

(6)集体商标注册后不能转让,证明商标注册后可以转让给其他依法成立的具有法人资格且具有检测和监督能力的组织。

不同的商标注册形式决定了区域公用品牌的类型。基于上述注册商标的分类,我们将区域公用品牌的分类概括为集体所有与组织认证两类。集体所有,即由某一组织(集体)公共持有,组织成员共享该品牌。组织认证,即由某一组织(机构)认证后,授权申请人使用该品牌。

三、区域公用品牌的参与主体

区域公用品牌的参与主体是多元的,主要涉及主体包括政府、产业协

---

① 《中华人民共和国商标法》,http://www.gov.cn/guoqing/2020-12/24/content_5572941.htm.

② 宋涛.商标知识[J].中小企业管理与科技,2007(11).

会、企业、农户。

1. 政府是区域公用品牌建设的重要主体

周华[①]认为，农产品经济利益主体分散，区域品牌塑造需要整合当地农业企业的优势资源。而农产品区域品牌建设是一项需要投入人力、物力、财力的系统工程，因此，政府是区域品牌建设的重要主体。王庆[②]则从反面提出了政府缺位导致品牌缺少统一的规划和指导而成为品牌建构的"断腿"。区域公用品牌具有很强的公共品特征，政府的参与与扶持是必要的环节。

2. 产业协会一般是公用农产品商标的持有主体

基于国内农民的组织化程度较低的现实，产业协会一般由政府牵头组建，有些协会的负责人由政府工作人员兼任，并委派管理技术人员对其进行有效指导。行业协会承担了公用品牌的实际运作。对于公用品牌的分类不同，则行业协会承担的责任不同，一类是对加入协会的主体资质的评定，另一类是对其获得该品牌使用权的资质评定。

3. 企业与农户是公用品牌的主要使用群体

企业与农户要使用公用区域品牌并非不需要条件，且必须符合区域品牌的品质要求，实行标准化作业。

四、区域公用品牌的维护

在区域公用品牌维护中存在两个主要的问题。

1. 外部性问题与使用主体资质认定

外部性（externality）是指某一经济主体在经济活动中的行为给第三方带来的正向或负向的经济收益。区域公用品牌涉及的使用群体多元，某一

---

① 周华.基于农产品区域品牌创建的政府职能定位研究——以江苏沿海欠发达地区为例[J].物流与采购研究,2009(41).

② 王庆.区域品牌建设实证研究——以福建省农产品区域品牌为例[J].哈尔滨学院学报,2009(9).

使用者对于该品牌的损害将直接影响到整个品牌的使用者,这个就是所谓的负外部性效应。在实际的运作中我们必须要对该品牌的使用者的资质进行评估审定,并且建立惩罚与退出制度,对于轻度违反品牌使用制度的行为人进行惩罚,对于严重违反品牌使用制度的行为人则取消其使用资格。

2.柠檬市场效应与标准化

柠檬市场(the market for lemons)也称次品市场,或称阿克洛夫模型,是指信息不对称的市场,即在市场中,产品的卖方对产品的质量拥有比买方更多的信息。柠檬市场效应则是指在信息不对称的情况下,往往好的商品遭受淘汰,而劣等品会逐渐占领市场,从而取代好的商品,导致市场中都是劣等品。在极端情况下,市场会止步、萎缩甚至消失,这就是所谓的逆向选择。部分取得品牌使用资格的主体愿意以低价出售商品(低价格有些是基于低投入),而使其他成员的高价格受到冲击,消费者难以识别质量的优劣,选择购买低价产品,导致该品牌的产品品质逐渐难以为继。标准化是公用品牌预防柠檬市场效应的主要举措,实施标准化既可以保持产品品质的一致性,同时在一定程度上保持生产成本(投入)的相对稳定,进而保持市场价格的基本稳定。

第二节　案例研究——以"八戒西瓜"为例①

一、"八戒西瓜"简介

"八戒西瓜"主产区洞桥镇(现已划归海曙区)位于宁波市鄞州区西南面,距离宁波市区15千米。产区山清水秀,空气清新,自然环境优越,同时气候适宜,土质疏松肥沃,适宜西瓜的种植。"八戒西瓜"自2001年注册商标以来,先后荣获原农业部无公害农产品认证、浙江省名牌产品、浙江省十大优质西瓜品牌、浙江省农业博览会金奖、浙江省名品正牌农产品和宁波市知名商标等称号,产地获宁波市无公害瓜果产地认定。2009年核心示范区

---

① 鄞州区农林局与鄞州洞桥镇(现已划归海曙区)农办提供部分资料。

洞桥镇种植"八戒西瓜"的面积已达 2500 亩。以此为基础,"八戒西瓜"协会会员的"八戒西瓜"种植区域已经遍布鄞州区的其他乡镇。据不完全统计,辐射区种植面积达 10000 多亩,标准示范区产值达 2250 万元,净利润达到 1000 万元以上,"八戒西瓜"已经成为当地农业的核心主导产业。目前"八戒西瓜"的销售区域已经逐渐走出宁波地区,在周边的城市形成一定的知名度。

二、"八戒西瓜"的品牌运作

"八戒西瓜"商标为宁波市鄞州洞桥镇农村经济综合开发服务公司(洞桥镇农办下属企业,以下简称开发服务公司)申请的集体商标。以商标为载体,开发服务公司与"八戒西瓜"协会向各级政府(权威认证部门)申请产地、品牌、无公害认证,实施标准化,拓展市场,统一对外宣传,增加品牌的附加值与知名度。品牌的运作由开发服务公司("八戒西瓜"协会)实施。

商标使用实行会员制(俱乐部制),对于申请者进行资质评定,决定是否接纳其为会员。会员具有相应的品牌使用权利,同时履行相应的标准实施义务。其基本的会员准则为:

(1)使用"八戒西瓜"商标的必须加入"八戒西瓜"协会。

(2)使用"八戒西瓜"商标的必须按照"八戒西瓜"栽培的技术规程进行生产,必须符合无公害要求。商标发放采取资格认定,限量发放,推行质量追溯制度,落实责任。

三、"八戒西瓜"的品牌维护

品牌维护是公用品牌的重要环节,它直接影响品牌战略的可持续性与市场认知度的提升。"八戒西瓜"品牌维护的措施主要有以下几条。

1. 以品质和生产标准体系控制八戒西瓜的质量

(1)品质标准

根据原农业部颁发的《NY5109—2002 无公害食品西瓜》的标准要求,结合本地实际,制订了包括瓜形、皮色、瓜皮厚度、瓜瓤色泽、食味、糖度等指标的食用性、商品性质量标准。规定"八戒西瓜"中心糖度要求为 11～13

度,口感鲜甜,瓜瓤色泽均匀,纤维少,无白筋硬块,果形圆整,瓜皮色泽新鲜,条纹清晰。84-24品种瓜果重4～6千克,无霉变、腐烂、异味、病虫等。

(2)生产标准

2001年由开发服务公司牵头,鄞州区农林局提出,鄞州区质量技术监督局颁布宁波市鄞州区地方标准DB330227/T18—2001《"八戒西瓜"栽培技术规程》,对"八戒西瓜"生产的选址建棚、选种育苗、栽培管理、采收与包装等进行了标准化规范。2004年在《"八戒西瓜"栽培技术规程》的基础上,由鄞州区洞桥"八戒西瓜"协会起草,宁波市质量技术监督局颁布了宁波市地方标准DB3302/T049—2004《无公害大棚西瓜生产技术规程》。这一市级大棚西瓜的技术标准,进一步明确规定了无公害大棚西瓜的产地环境、栽培技术、有害生物防治技术以及采摘要求,为宁波市范围内的无公害大棚西瓜生产提供了技术标准规程。

2.以标准化基地建设及技术推广保障标准化的有效实施

(1)基地建设

为了保证项目实施,2007年"'八戒西瓜'标准化高效集约栽培"星火示范基地项目列入了宁波市科技局星火计划。实施中,按照标准化操作流程,严格管控西瓜生产过程中的投入物,实施平衡配方施肥,增施CO_2气肥、生物菌肥,采用应用性诱捕剂、生物农药等无公害优质生产技术,使西瓜达到高品质的要求,在全市率先建立了一个具有较大规模、实施标准化高效集约栽培的"八戒西瓜"星火示范基地。示范区项目工作人员在实践中不断探索,逐步完善并形成了"八戒西瓜"生产园地规划、品种选择、肥水管理、病虫害防治和收获等一整套成熟的产前、产中、产后标准化生产体系。

(2)技术合作与推广

质量技术监督部门负责人经常性地开展产品生产、加工的检查监督,宁波市鄞州洞桥镇农村经济综合开发服务公司和农业科技部门的技术人员组成技术小组负责技术指导、培训,采取集中培训、发放资料、网站宣传、广播报纸宣传和现场会等多种形式宣传"八戒西瓜"的种植和生产加工的标准化知识,保证种植、生产加工技术到位、管理规范。"八戒西瓜"协会每年举办技术培训班2～3次,开展技术试验1～2项,搞好关键技术的攻关及实用技术的示范推广,保证技术到位。

3. 以统一的服务体系提升品牌的市场识别

以商标管理为核心，统一生产技术、统一质量标准、统一市场销售管理，推行质量追踪制度，倡导诚信意识，维护"八戒西瓜"的信誉。充分发挥"八戒西瓜"协会的作用，按照西瓜的产前、产中、产后的管理要求，全程跟踪，全力以赴提供各项配套服务，不断完善标准化生产的服务体系建设。

（1）产前服务：秧苗和生产资料的准入制度

为确保示范区的西瓜秧苗和农业投入品的施用安全，开发服务公司建立了西瓜秧苗和农业投入品应用审定制度，对所有农业投入品进行采购前审定，坚决杜绝不符合要求的西瓜秧苗和农业投入品进入基地使用，同时对所有农业投入品的使用情况进行跟踪调查，还设立了监督举报电话，发现问题及时纠正，从源头上确保标准化工作的正常实施。产前准入制度建立以来，示范区内从未发生过农业投入品的违规使用和因农业投入品不合格而引起的产品质量问题。

（2）产中服务：全程技术指导服务

为加强对示范区农户的"八戒西瓜"标准化生产指导，开发服务公司专门聘请技术专家进行指导，同时会同市、区农业和质监部门，为农户提供西瓜标准化生产中全面的技术指导，做到"有求必应，随叫随到"，做好技术指导服务工作。

（3）产后服务：商标使用及包装等系列销售服务

利用本地在市场上良好的信誉和较高的知名度，建立了畅通的品牌销售渠道。对示范区内生产的所有西瓜，按标准化要求进行了严格的产品检测，将合格产品统一包装，利用注册的"八戒西瓜"品牌开展定点销售，扩大影响，提高效益。

四、"八戒西瓜"的政府支持

对于"八戒西瓜"，政府的支持主要包括以下几个方面。

1. 技术支持

鄞州农林局相应科室抽调技术管理人员加入西瓜协会，进行技术与管理服务方面的支持。

2.资金扶持

政府通过农业发展基金对"八戒西瓜"的品牌创建、基地建设等各类项目进行配套扶持。

3.节庆活动助推

2004年开始至2010年洞桥已经举办七届"八戒西瓜"节,通过开展系列的文娱游戏节目吸引游客,同时举办西瓜质量评比、游洞桥品"八戒"一日游、有奖知识竞猜等活动,以西瓜为媒,以旅游为载体,大力发展农事节庆活动,有力提升了"八戒西瓜"的知名度。

第三节 结论与建议

"八戒西瓜"这一区域公用品牌整体是较为成功的案例,其运作模式与品牌维护基本符合研究框架,但"八戒西瓜"也有自身的特点。

(1)品牌所承载的产品较为单一,仅仅为西瓜鲜果。

(2)品牌的地域相对比较集中,以洞桥为核心,向周边乡镇扩散。

(3)生产规模相对适中,销售以本地市场为主。

(4)参与的主体也相对比较单一,以具有一定规模经营的农户为主。

(5)政府的扶持与支持力度相对较大。

这些特点为"八戒西瓜"产生了较多的益处,同时也会产生一些发展的瓶颈(局限)。从正向效应而言:品牌的维护会产生较大的维护成本,如对生产过程的监督、对于仿冒品的监督等,适度规模与本地市场有利于减少这类成本,地理区域的小范围限定容易达到控制的目的;参与主体的单一(及种植规模要求),有利于标准化的推进,并产生较为明显的规模效益与学习曲线效应。从发展瓶颈而言:以单一协会(公司)为主体的品牌运作模式不利于产业的扩张;销售渠道以本地定点销售为主,其他稳定销售渠道不足;鲜果销售受季节性影响大,不利于农户全面稳定创收,同时对于西瓜鲜果的加工不足,未能更好地提升附加值;以基地、示范点为主,对散户、小农户的扶持不足,则不利于强化区域公用品牌的公共性特征。

结合对"八戒西瓜"的分析,本研究对于县域公用品牌建设提出如下建议。

1. 从强调技术标准向注重品牌规划转变

根据品质识别理论，消费者并不能够直接看到标准化的实施过程，其对于商品的认知主要是基于品牌的信赖。技术标准是隐性的，而品牌是显性的，从整体发展战略来看，要有突破性的发展必须进行有效的品牌规划。

2. 从鲜果销售向深度加工转变

鲜果的销售不利于稳定地增收，也不利于保持全季节稳定就业，应充分应用鲜果的药用、食用价值，引入加工企业，或加强与域外加工企业的协作。

3. 从单一组织化向多层组织化转变

单一的协会（公司）直接连接农户不利于长远的大规模发展，要发展二级组织（片区农户合作社），一级组织授权二级组织，由二级组织连接农户。

4. 从连接大户向大小兼顾转变

示范点的建设固然重要，但是还是要充分发挥辐射效应，尽量将农村赋闲的劳动力吸引到西瓜种植中，鼓励与扶持小农户合作机制，即在小农户之间形成合作关系，扩大种植规模。

5. 从定点销售向多向合作转变

农产品的销售是一个重要的环节，定点销售虽然可以保证品质识别，但是布点增多则会增加成本。应增加与菜场、社区商店、超市等渠道的多向合作，建立直销、分销相结合的销售模式。

第九章　县域外来人口集中居住

随着外来人口数量的急剧增加,其居住问题已经成为政府乃至全社会关注的焦点。外来人口的居住不仅关乎外来人口的居住福利,同时也与政府的管理服务息息相关。

第一节　研究综述

学者们从经济层面(职业、经济收入、居住条件)、社会层面(闲暇时间、消费方式、生活习惯、人际交往)、心理和文化层面(归属感、价值观)[①]三个主要方面来切入对于外来人口[②]城市融合的研究。居住是最为基本的融合要素之一,各类调研报告显示,外来人口的居住环境、居住条件不容乐观,而这种对于其居住生态的揭示又多是从"城中村"入手的,相关标题的知网检索结果可达1000多条。居住不仅是一个外来人口个体(家庭)的基本生存问题,同时也是一个社会性的问题。社会排斥通过住房表现出来,导致非户籍迁移人口与市民的居住分异[③]。基于外来人口在流入地中长期居住的现实,解决其居住问题,在改善了外来人口的居住福利的同时,也满足了社会和谐发展的内在需求。

外来人口居住问题的解决受到包括户籍制度、城市国有土地制度和城

[①] 周大鸣,秦红增.城市农民工研究的回顾与反思[J].广西右江民族师专学报,2004(4);杜建海.共建共享 共生共荣——鄞州新居民与地方政府管理创新[M].杭州:浙江人民出版社,2007.

[②] 本研究主要用"外来人口"来表示流入非户籍所在地而导致相关权益差别的这一特定群体,外延比"农民工"稍广,也包括一些专业技工、人才等。本研究的外来人口以户籍为主要划分标准,即指不能在地区内享受本地居民的住房待遇(申请经济适用房、廉租房)的群体。

[③] 易成栋.制度安排、社会排斥与城市常住人口的居住分异——以武汉市为例的实证研究[J].南方人口,2004,19(3).

市外部环境以及农民工自身素质等几个方面的制约①。流动人口比起城市户籍人口在住房的可获得性、住房条件和居住的社区环境等方面的状况都相对较差。② 在诸多的研究中,学者把目光集中在呼吁户籍制度的改革上。目前看来,户籍制度的全面改革还需要一个过程,而在既定的事实中寻求地方政府的制度创新,在解决这一系列的问题上有一定的优势。

集中居住是解决外来人口居住难题的一种模式,各地各级政府也已经在探索,一些学者在研究中也提及了这一模式,但是对于集中居住的现有模式及其存在的主要问题的系统研究还相对缺乏。本研究立足于县域(鄞州)范围内的实证来探讨外来人口集中居住的相关问题。

第二节　外来人口的居住情况与集中居住的优势

一、外来人口居住形式与分布情况及趋势

2007 年鄞州区公安部门提供的外来人口参考数(以暂住登记为依据)为 72 万人,而实际人数估算在 90 万～100 万,区常住人口为 78 万③。如果与暂住登记的参考数比较,本地居民与外来人口数量基本持平,而就所在地实有外来人口而言,则其数量已经大大超过本地居民。

1. 外来人口的居住形式

关于外来人口居住情况调查的数据主要有两组:一组是公安部门的暂住登记数据(见表 9-1 和图 9-1);另一组是区计生局的抽样调查数据(样本容量 426 人;见表 9-2 和图 9-2)。相比较而言,公安口径的调研数据样本容量较大,更接近于现实情况。基于这两组数据及鄞州区外来务工人员服务管理工作领导小组办公室的测算,租赁民居房屋的外来人口在 70%左右。

---

① 王新康. 城市化背景下解决农民工城市居住问题研究[D]. 杭州:浙江大学,2007.
② 张子珩. 中国流动人口居住问题研究[J]. 人口学刊,2005(2).
③ 《鄞州区统计年鉴(2007)》的 2006 年常住人口数。

表 9-1 鄞州区暂住人口居住情况统计表 （单位：人）

居住场所	旅店	居民家中	单位宿舍	工地现场	租赁房屋	其他	合计
人数	198	4324	102205	22610	329945	1810	461092

资料来源：根据鄞州区公安局 2006 年暂住人口统计报表整理[①]

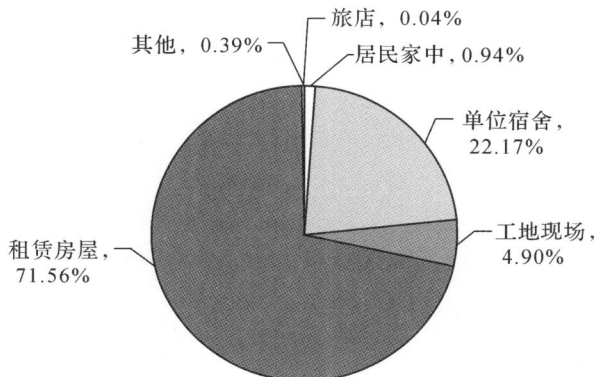

图 9-1 表 9-1 对应饼形图

表 9-2 鄞州区外来流动人口居住状况 （单位：人）

居住场所	集体宿舍	自己购房	租赁房子	简易工棚	无效样本	合计
人数	40	42	331	11	2	426

数据来源：根据 2007 年鄞州区计生局外来人口调研报告整理[②]

2.外来人口居住分布情况及变化趋势[③]

外来人口的居住分布较为复杂，其居住以工作场所为中心而集聚。工业园区、企业密集区域附近的外来人口最多，见图 9-3。

（1）中心城区

在鄞州中心城区居住的外来人口主要集居在五类社区：1）中高档新社

---

① 杜建海.共建共享 共生共荣——鄞州新居民与地方政府管理创新［M］.杭州：浙江人民出版社，2007：87.

② 杜建海.共建共享 共生共荣——鄞州新居民与地方政府管理创新［M］.杭州：浙江人民出版社，2007：115

③ 调研数据来源于区公安局（派出所）与各社区的学员，数据为 2008 年 6 月的即期统计数。

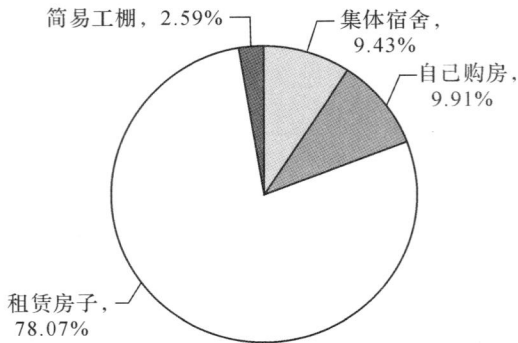

图 9-2　表 9-2 对应饼形图（去掉无效样本）

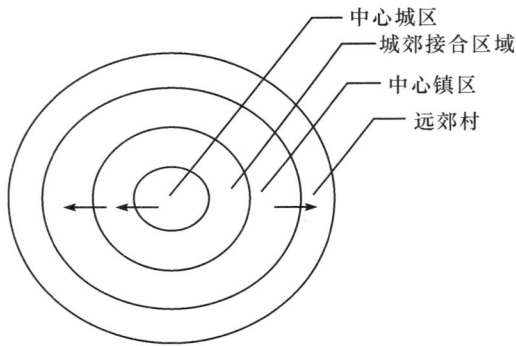

图 9-3　外来人口居住分布及趋势

区,那里户型较大,景观优美,配套齐全,租住者以白领为主,也不乏外籍人士,如东湖社区;2)近城区的老社区,那里集聚的外来人口比较复杂,有公司职员、新毕业的大学生、小商贩、服务业从业人员(酒店、餐馆、酒吧、发廊)等,常常是多人拼居一室,如宋诏桥社区的外来人口租住人数达 3000 余人,本地住户为 1000 余人;3)村改居社区(安置社区),那里户型较小,设施简单,房租相对比较便宜,居民有闲置房屋可供出租,租住者以附近工业园区的外来工及小商贩为主,如兴裕社区的外来租住者达 4000 余人,本地住户为 1000 余人;4)城中村,那里房屋简陋,设施陈旧,房租便宜,租住结构最为复杂,以家庭及同乡合租为主,在数平方米的房屋中有些要住 5~6 人,如长丰村外来租住者达 7085 人,而本村常住人口仅为 1141(实际居住人数还要少);5)建筑工地,以建筑企业搭建的临时工棚为主。

　　（2）城郊接合区域

　　城郊接合区域的外来人口主要是在附近工业园区工作的工人，以及小商贩等，如陈婆渡村外来人口数为 3883 人，常住人口仅为 1851 人，陈婆渡社区外来人口 1854 人，常住人口仅为 202 人。

　　（3）中心镇区

　　中心镇区的外来人口主要是镇区商贸、工业、服务企业的从业人员。如邱隘镇的镇北、镇南、方庄三个社区的外来人口数量分别为 5173 人、5000余人、7100 人，数量与本地居民基本持平。

　　（4）远郊村

　　远郊村的外来人口主要是就近工厂（工业园区）的工人及部分农业雇用工人。如集士港（现已划归海曙区）的卖面桥村、祝家桥村、丰成村的外来人口数量分别为 3464 人、3176 人、2760 人，数量与本地居民基本持平。

　　在鄞州的村（社区）居住的外来人口基本上与本地居民数量相等，在外来人口集聚多的村里外来人口与本地居民比为 6∶1（长丰村）或以上。外来人口居住的变化趋势：一是随着城市化的推进，城中村的数量在逐渐减少，外来人口只能转向村改居社区（安置社区），或为寻求低廉的租金而向城乡接合区域迁移，如图 9-3 中的箭头所示；二是部分本地居民搬至中高档的新社区居住，不少老社区及安置社区的主要居住者变为外来人口。

二、外来人口居住中存在的相关问题

1. 外来人口居住福利方面的问题

（1）住房成本高

　　在宋诏桥社区一个大套（70～80 平方米）的租价在 1200 元以上（根据装修、家电情况而定）[①]，一个改装的车棚租金在 200～300 元不等。在地段较好的安置社区一个大套租金也可达 1000 元以上，如兴裕社区。城中村的房价不一，一般一个 10 平方米左右的房间租金在 300 元以上（视住房条件而定）。边缘的村居，如集士港，面积 10～15 平方米的房间租金在 100～150 元不等。整体而言，租金较高。对于收入较低的外来务工群体而言，房

---

　　①　口碑网，http://fang.koubei.com/.

租占其总收入的大部分。

目前鄞州中心城区的房价在 1 万元/平方米左右,较远的镇区楼盘也在 5000 元/平方米以上,即便是对于部分引进人才而言,这个价格也偏高。一般机关事业单位的引进人才(研究生及以上)的购房补贴为 1000 元/平方米,而企业的购房补贴视企业的情况而定,一般也较低,甚至没有,人才购房压力较大。

(2)居住条件差

据 180 户的走访调研[①],98％的外来人口租居房(主要针对外来务工人员)面积在 4～25 平方米,每间房的租居人数达 3～5 人。计生局的调研显示[②],人均面积在 10 平方米以下的占 50.0％,无厨房的占 36.9％,无独立厕所的占 39.0％,无洗澡设施的占 73.1％。许多租居房为改装后的车棚或违章搭建的建筑物,其居住条件极差。

(3)文化娱乐配套设施及服务相对匮乏

在外来人口集居的村(社区)中针对这一群体的文化娱乐设施与服务相对匮乏,缺少针对外来人口群体的专门的活动场地,如图书室、影视室、活动室等,也缺少由外来人口群体参与的群众性文化活动。

2.外来人口管理服务方面的问题

(1)居住分散,不利于管理服务

出租房相对比较分散,为综合治理、计划生育等工作带来诸多的困难,一次全面的排查需要耗费许多时间。有些出租房甚至成了犯罪分子的藏匿场所,存在较大的治安隐患。从社区管理方面的反映来看,其管理压力在不断增强,所配备的相关管理人员数量也在增多。如宋诏桥社区聘请了多名专门的外来人口管理人员。各村也在协管员的基础上,加强了夜防队的配备力量。

(2)非法搭建,存在安全隐患

个别本地村民(居民)在个人经济利益的驱动下,非法乱搭建,违反了土

---

① 杜建海.共建共享 共生共荣——鄞州新居民与地方政府管理创新[M].杭州:浙江人民出版社,2007:88.

② 杜建海.共建共享 共生共荣——鄞州新居民与地方政府管理创新[M].杭州:浙江人民出版社,2007:114.

地法规,同时,破坏了农村、住宅区的整体规划。不仅如此,这些乱搭建的房屋,在抗自然灾害、消防上存在很大的安全隐患。

(3)生活差异,矛盾易发

外来人口与本地居民在生活习惯、思想观念上的差异,容易引发系列环境卫生、生活秩序、社会治安等方面的矛盾。因本地居民与外来人口之间的矛盾而引发的群体性事件及刑事案件数量引人关注。

(4)针对外来人口群体的社会、文化融合的服务难以推开

随着外来人口管理理念的突破,针对这一人口群体的管理与服务已经不再局限于就业服务与维权,而是扩展到社会与文化融合等深层次的管理上。在散居的情况下,缺少一个有效的平台与机制来进行深入的管理服务。

三、集中居住的优势

针对散居而带来的一些问题,外来人员的集中居住已经成为许多地方政府考虑的一种模式。从改善住房福利而言,集中居住可以降低居住的成本(如奉化的力邦模式,其房租每月住宿最低仅为18元,由于规模效应,在力邦村的食堂2元能吃好[①]),改善居住的条件,健全文化娱乐的服务与配套;从管理服务而言,集中居住可以集中管理,从而降低管理成本,提高管理绩效,并且能更好地为居住者提供社会与文化融合的平台(鄞州滨海社区的球场、乒乓馆等文娱场所免费开放,定期播放电影,组织文艺活动,极大地丰富了外来人口的业余生活,同时也促进了和谐)。

第三节　外来人口的集中居住模式及存在问题

一、外来人口集中居住模式

外来人口的集中居住主要有如下五种模式。

---

① 浙江在线新闻网、三问奉化"力邦村". https://zjnews. zjol. com. cn/052jnews/system/
2006/04/25/006589732. shtml.

1. 县区、镇（街道）政府集居公寓（出租与出售）

鄞州区县区、镇（街道）政府所提供的主要是人才公寓。鄞州人才公寓为定向供应商品住宅，由区政府提供专项用地和优惠政策。该公寓位于鄞州新城区高教园区（较核心的地段），总建筑面积 10 万平方米左右，提供900 多户小型单身公寓，含 60 平方米（部分出售给企业；部分用于出租）和90 平方米（出售给符合条件的企业）两种户型，有极佳的配套，商业用房、青年俱乐部、物管用房、地下停车库一应俱全。人才公寓价格以保本为原则，实行政府指导价，均价为 4000 元/平方米左右，居住对象为在本区企业工作的国内外引进人才，要求具有普通高校本科及以上学历或副高职称以上，且原籍不在鄞州区及市老三区的（在区人才中心办理人事代理），在本区及市老三区无个人房产（含私房、承租公房等）等。

目前所提供的集居公寓数量比较有限，不能满足大规模的人才流入。另外，针对城区中集居的外来人口，在中心城区（或城区边缘）也需要建造一定数量的廉租公寓。

2. 村（社区）营集居公寓

村合作社在经营集居公寓上具有一定的优势，土地与资金都较容易落实。高桥镇联升村地处宁波市近郊，村域内各类注册企业有 30 多家，2007年年度营业额达 8 亿元人民币，全村户籍人口 1500 人左右，暂居该村的外来务工人员达 13000 人左右，村级总资产约 1000 万元，年可用资金 140 万元。该村已计划将一处闲置厂房重建为 1.6 万平方米的外来务工人员公寓，可解决 3000 人的住宿（人均 5.33 平方米），总投入 1000 万元。

3. 工业园区的集居公寓

工业园区内将各企业的员工公寓集中建设，有利于减少厂区的非生产性用地面积，降低建造与配套的成本，改善员工的居住条件。如鄞州区滨海投资创业中心内的滨海社区，由沧海控股集团下属的宁波城展置业有限公司出资 9000 万元建造而成，总占地面积 62 亩，总建筑面积 54063 平方米，共计 9 幢大楼。除行政办公楼、酒店、食堂、店面房、活动室等配套设施外，可出租房屋 1016 间，整个社区可同时容纳 8000 多人居住，第一期以每间 8人的宿舍为主，在第二期的建造中则会考虑家庭用房的需求。

4.厂区公寓

目前的外来人口集中居住主要以厂区公寓为主。如下应街道上报的启发工业城等 12 家大型企业的外来人口集中居住统计数据显示，总申报建筑面积达 31500 平方米，其中向阳集团外来人口宿舍面积达 7000 平方米，解决了 3000 名外来工的居住问题。

5.其他形式的公寓

其他形式的公寓主要有：

（1）家庭经营（多户联营）公寓，即有富余住房的农村家庭多户联营，把出租屋整合在一起对外经营，能容纳较大数量的租户，并提供一定的服务；

（2）专业企业经营，如酒店企业、置业企业等独立经营公寓业务；

（3）慈善经营，对于需要特殊照顾的外来人口群体提供临时性的住房救助。

二、外来人口集居中所存在主要的问题

1. 土地指标

随着城市化的推进，土地已经成为十分稀缺的资源，受到国家有关土地管理政策的限制，城区内的可用于建造集中公寓的土地指标极少。在工业园区内，有 10％的指标（包括管理用房）可以用于非生产性用房的建设[①]，如果要引入专业的公司来建造并提供公寓租赁业务，则需将原有土地的工业属性转为商用，这在审批上存在一定的难度。而商业用地上建设的出让与出租公寓则成本过高。

2. 经营主体

集中居住公寓的经营主体的问题很复杂，政府、企业、村合作社等是常见的主体。政府为主要的经营主体，则容易造成财政负担与后续管理的压力；企业要考虑更多的投入与产出的比例，一般不愿意投入集中公寓的建

---

① 鄞州区规划局提供的数据。

设;村合作社经营能力有限,存在一定的经营风险,如果经营不善则会造成政府的压力。

3. 长效机制

集中居住公寓的建设可在短期内完成,而经营是一个长期的过程。在经营过程中可能会遭遇诸如租金的定价与调整,物业的管理与维护,产业结构的调整而导致的外来人口数量的变化等许多问题。

4. 利益均衡

本地居民的廉租房建设尚未大规模地开展,如果政府在外来人口集居公寓建设上投入过多,容易引起本地居民的不满。另外,房租收入是本地居民重要的收入来源,以 50 万人(72 万人中 70%人租房)人均年租金 300 元计,则全年租金收入就达到 1.5 亿元。如果外来人口转向集居公寓则本地居民的收入会有所减少,对部分以租房为生的居民,则冲击更加大。

第四节　推进外来人口集中居住的政策建议

1. 整合资源,创新土地利用模式

土地制约是解决外来人口居住问题的主要瓶颈之一。土地资源稀缺是客观事实,必须寻求土地利用模式的创新途径。目前可用于解决外来人口居住问题的土地来源主要有四种:(1)县区政府提供的专项用地;(2)工业园区的非生产建设用地①;(3)村集体土地;(4)私人(企业)提供的商业性用地。政府在用地规划上要适当调整用于外来人口集中居住(出让、出租)的土地指标。政府获得的土地出让收益应以一定比例用于集中居住项目的建设,经济适用房部分向符合条件的外来人口(符合工作年限、学历、技能等条

---

① 企业的非生产性用地指标也是 10%,就规模较小的企业而言,其宿舍区的条件十分简陋,大型工厂鉴于土地的限制也仅考虑简单的宿舍区建设而缺少家庭房,且限于规模,其配套也不太理想。基于厂区安全等因素的考虑,部分企业倾向于在厂区外租用宿舍。工业园区的集中居住具有规模化的优势与发展空间。

件)开放。县区政府的专供用地数量有限,商业性用地投入极少(鉴于廉租的利润空间小),相对来说园区的非生产用地与村集体土地的两种模式是较有发展空间的,因此,在工业园区中应规划能达到一定居住标准的集居公寓,并鼓励与扶持村集体建造廉租公寓。

2. 拓宽渠道,寻求多元经营主体

多元化的渠道与解决模式在集居公寓建设中尤为重要。从财政上而言,要协调利用县区、镇乡(街道)二级政府的财政能力,根据区域的外来人口规模、特征,合理规划建造集居公寓。为了缓解政府的财政与管理压力,应当引入社会力量参与集居公寓的建设与经营,要鼓励企业、村经济合作社、家庭联营等多元经营主体的参与。企业主要有两类:一类是投资型的;一类是管理型的(专业的物业公司)。对于两类不同的企业,要提供不同的优惠政策。对于村经济合作社经营,政府在提供配套资金的同时,要加强其经营能力,使其能有较好的盈利。

3. 逐步投入,保障长效运营机制

外来人口集居公寓的建造与运营是一个长期的过程。政府对于集中居住有一个远景的规划,以 5～10 年为期,逐步推行集居公寓,根据建造、管理的需要稳步追加财政投入。财政支持与优惠政策(减免税收)扶持并行,促进集居公寓建设与运营的有序进行。

4. 合理规划,打造人性宜居环境

集居公寓的建造要有好的规划:(1)考虑产业发展的需要,在产业规划的基础上,控制建造规模;(2)根据外来人口的不同需求,提供特色租用套型(夫妻房、家庭房);(3)充分考虑设施配套,提供良好的居住环境,适当考虑建造学校、医疗点、购物区、食堂、招待所等配套设施;(4)在房型设计上要充分考虑其可改变性,如集居宿舍房型可以改为家庭适用房型,以适应劳动力资源的结构性变化。总的来说,要打造人性宜居环境。

5. 立足人本,完善社区服务管理

居住的改善,不仅改善了生活的环境,同时也创造了和谐的因素。社区化的管理,能促进和谐,预防由于集居而易发的群发性事件。立足以人为本，完善管理机制：(1)加强治安、计生、环境等综合治理，引入"以外管外"的模式，提高外来人口的管理参与度；(2)倡导和谐文明的生活方式，充分利用社区的各类设施，定期开展各类普法教育及文娱竞技活动；(3)引入社工机制，提供义务的矛盾调解、心理咨询、子女课业辅导等；(4)引入社区学校，提供各类学习(免费、收费)培训，还可在集居规模较大的社区提供学历进修。

6.加强互动，促进社会和谐发展

与本地居民(村、社区)的良好互动，是集居社区要充分考虑的一个因素。由于集居公寓的建造会造成本地居民的房租收入的减少，从而导致一定程度的不稳定因素，因此要考虑集居与散居的合理比例，并且要充分发掘村合作社在外来人口集居公寓建造与管理上的优势。在集居社区中，要通过第三产业(餐饮、零售)的发展来弥补房租收入的减少，如力邦模式带来了可观的三产收入。本地社区与集居社区，要定期开展各类文娱活动、竞技比赛，促进相互之间的了解与融合。

第四篇　政策导入：
包容性公共政策的行政边界

第十章 县域生活不能自理群体的公共政策导入

第一节 问题的提出及研究综述

一、问题的提出

《中共中央关于推进农村改革发展若干重大问题的决定》中明确提出，要"发展以扶老、助残、救孤、济困、赈灾为重点的社会福利和慈善事业"。发展农村的社会事业，深化农村社会福利体制，已经成为国家、地区的工作重心之一。2008 年 4 月浙江省根据相关文件精神制定了《浙江省人民政府关于实施残疾人共享小康工程的意见》（下简称《意见》），其中一项内容是"实施重度残疾人托（安）养工程"，即要求对生活不能自理、残疾等级为一级的残疾人逐步实施集中托养、日间照料和居家安养。在《意见》的指导下，温州市在鹿城、瓯海、龙湾三区，乐清、瑞安两市，以及平阳、永嘉两县进行了首批试点，把 1065 名符合条件的残疾人纳入政府的托（安）养工程。其中：对日常饮食起居需要专人护理的重度残疾人，在自愿的前提下，借助社会上现有的福利院、敬老院等托养机构实行集中托养；对家庭夜间可以照料而日间需要他人照料的重度残疾人，由专人负责日间的基本照料；对出于特殊原因或受条件所限无法实行集中托养或日间照料的，提供居家安养服务。宁波慈溪市财政出资 3000 万元，为 1000 多位重症残疾人提供全面的照料服务。Y 区一直致力于为老年群体、残疾人群体构筑良好的生活环境，率先在全国范围内提供老年人、残疾人的生活补助，实施残疾人生活补助金政策，对未就业和未享受基本养老保障待遇的残疾人，给予每月 60 元至 200 元不等的生活补助，安排专项资金对困难的残疾人群体进行扶持与帮助。

《意见》的出台及相应试点工作的推进，可以说是浙江省社会福利政策的一种重要转向，即从过去单一的物质资助转向一种物质支持与服务供给相结合的复合形态。以区域性的社会福利政策为导向，根据省域的实际情况来讨论"社会服务"这一主题具有较强的现实意义。本研究选择"生活不能自理群体"为主要考察的对象，选择县（区）为主要考察区域，旨在为政府的社会福利政策的制定提供相应的调研素材及政策建议。

二、本研究对象界定的说明

我们之所以对老年人与残疾人提供社会服务是基于其生活完全（部分）不能自理的客观事实。从这一层面上而言，重度残疾人与高龄老人的内在需求是一致的。除此之外，我们还需要顾及另一类群体，即由于重病而生活不能自理（但并未获取残疾人资格评定）的那部分人群。本研究从群体的需求出发，以"生活不能自理"的特征来统一标识三类对象：高龄老人、残疾人、重症病人。

三、国内国外的研究综述

西方国家在社会福利政策方面起步比我国早，关于社会福利的内容体系已形成了一套相对完善的理论体系。以美国的经验为例，政府提供的社会福利计划主要包括收入维持、膳食营养、卫生、社会服务[①]。在这些计划中，"对老年人或残疾人员提供独立生活或长期照顾服务"是社会服务中的一项重要政策。美国的福利制度在强化一种物质性的补偿、救助的基础上，注重将"目标群体"（老年人、穷人、病人、残障人士等弱势群体）作为政策的直接服务对象。文献检索结果表明，近些年欧美关于残疾人社会福利政策研究的重点集中在就业领域的相关问题上，而对于残疾人、老年人的照料则更多地体现在如何改善其生活质量上，如机构性照料与社区照料的选择问题。还有不少的文献研究了该类社会服务机构及人员的绩效提升等问题。

国内的社会福利政策相对起步较晚，学界讨论的重点还是在为何要实

---

① 戴安娜·迪尼托. 社会福利：政治与公共政策［M］. 5 版. 北京：中国人民大学出版社，2007.

行(弱势群体的调研)与如何开展(先进做法的总结与提炼)上。与本研究相关的研究主要集中在两个方面:一是有关目标群体的照料现状、需求(意愿)等研究;二是对照料模式(方式)的研究。在有关农村残疾人及老年人的生存现状、生活质量等方面的研究中对于这一群体的照料情况略有涉及,而关于照料问题的专题性研究相对比较匮乏。顾大男、曾毅关注了1992—2002年中国老年人生活自理能力的变化①。刘晶以上海城市的老年人为研究对象,较为全面地对城市社区生活不能自理老人居家养老的生活质量评估指标体系以及上海城市生活不能自理老人生活照料状况及意愿进行了研究②。范灵璐、郑梓桢以广州为例,同时对城市与农村不能自理老年人的照顾方式进行了调查,并探讨了养老服务体系的建构③。陶健婷等关注了残疾人照顾模式和生存质量的研究进展④。王裔艳对于城市老人的照料人进行了专题研究⑤。对于老年人的照料模式近来讨论得较多,以探讨"居家养老"即提供社区化的居家养老模式为主,在实践运作中做了地方性经验的有益梳理与提炼,而针对残疾人、病人的广泛照料模式的研究相对比较少,主要探讨以康复为主要功能的护理模式。陈刚等探讨了社区康复对实现残疾人康复服务的影响⑥。卢少萍等研究了老年性痴呆患者"医院—社区—家庭"全程护理模式的评价⑦。

　　总的来说,对于农村生活不能自理群体的照料现状及社会服务模式的专题性、系统性研究相对较少。在农村扶贫走访,以及与村干部、村民的交流中笔者发现,生活不能自理的这一人群对社会服务的需求尤为迫切。

————————————

　　① 顾大男,曾毅.1992—2002年中国老年人生活自理能力变化研究[J].人口与经济,2006(4).

　　② 刘晶.上海城市生活不能自理老人生活照料状况及意愿研究[J].西北人口,2001(2);刘晶.城市社区生活不能自理居家老人生活质量评估和改善[J].人口与经济,2005(2).

　　③ 范灵璐,郑梓桢.不能自理老年人照顾方式调查与养老服务体系的建构——以广东省为例[J].贵州社会科学,2008(7).

　　④ 陶健婷,郝元涛,阮剑华,等.残疾人照顾模式和生存质量研究进展[J].中国康复理论与实践,2007(10).

　　⑤ 王裔艳.城市居家老人的主要照顾者研究[D].上海:华东师范大学,2004.

　　⑥ 陈刚,张文红,吕军,等.社区康复对实现残疾人康复服务的影响[J].医学与哲学(人文社会医学版),2007(7).

　　⑦ 卢少萍,张月华,徐永能,等.老年性痴呆患者医院—社区—家庭全程护理模式评价[J].中国临床康复,2005,9(28).

第二节　研究报告

一、调研的基本情况及说明

问卷调研：(1)面向生活不能自理群体。依托于 Y 区农调队的调研平台，向所属的 20 个乡镇的 20 村累计发放问卷 200 份，回收问卷 127 份，其中 2 份无效(根据问卷判断，此 2 个样本不符合本研究要求)，确定有效回收问卷为 125 份。(2)面向村级班子负责人(村支部书记、村主任)。主要对象为区委党校的农干班学员，发放问卷 40 份，实际回收 33 份，并进行座谈。

个案调研：利用 Y 区 J 镇 L 村的扶贫走访，在村干部带领下实地走访了该村的生活不能自理群体，询问了个人及家庭的基本情况和照料人及照料情况等，整理成 9 个案例。

二、调研内容分析

调研主要分为 5 大块内容：生活不能自理群体的基本情况，收入及家庭情况，目前的被照料状况，对于未来的照料意愿，案例分析。

1. 基本信息

(1)年龄、性别构成

对 125 个样本进行分析，其中最大年龄 97 岁(男，高龄)，最小年龄 12 岁(男，听力残疾)，有 2 个样本缺年龄数据。该人群以中年及高龄为主，平均年龄 62.3 岁。性别比例则基本持平，男女比为 58：65，女性略多。女性平均寿命比男性长，高龄的女性要多过男性，80 岁以上男女比为 10：28，不同性别的年龄构成见图 10-1。

(2)生活不能自理的程度及诱因

本研究将生活不能自理程度分为两个层次，即部分不能自理(即丧失部分自理能力，如做饭、洗衣服、独立上厕所等能力)与完全不能自理(衣食住行完全需要由他人协助才能完成)，其比例为 78：46(1.7：1)(有 1 个样本

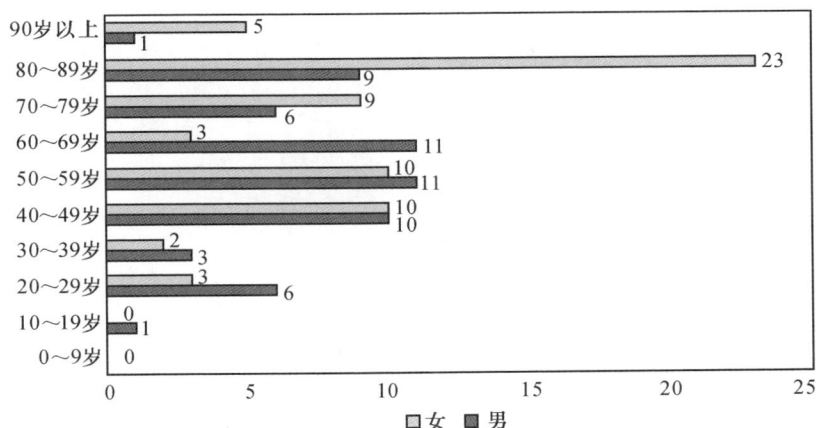

图 10-1　不同性别的年龄构成

该项缺信息）。完全不能自理群体以重度肢体残疾及疾病为主，包括部分的精神残疾个体。

本研究将生活不能自理的诱因主要分为 3 类[①]：一是残疾，由民政部门评定，并持有相应的残疾证；二是疾病，指重症慢性疾病（如尿毒症、癌症等）以及病后丧失行动能力（如中风后行动不便），未获得（或没有资格获得）残疾证；三是高龄，指身体尚健康，单纯因年老而行动不便。由图 10-2 可见，生活不能自理群体以残疾人为主体，占整个比例的 72.80%，高龄与疾病两类诱因都为 13.60%。

残疾人群体的构成主要分为 5 类（根据国家相关评定标准划分）：视力残疾、听力（语言）残疾、肢体残疾、智力残疾、精神残疾。91 例残疾的类别构成见图 10-3。生活不能自理的残疾群体，以肢体残疾为主，占 41.76%，精神残疾次之，占 25.27%。有些诱因是交互的，同时包含残疾、高龄、疾病三者，如对于视力、听力（语言）类的残疾人，其生活不能自理的诱因可能并非残疾本身，而主要由于高龄。本研究主要考察的是以单纯性诱因为主的情况。在视力残疾的 13 例中，年龄最大的 94 岁，最小的 22 岁，有 8 例年龄在 70 岁以上。

---

① 为便于答卷者识别，问卷设计中，对于交互的情况未作专门的区分。

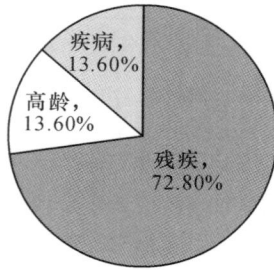

图 10-2　生活不能自理的诱因构成

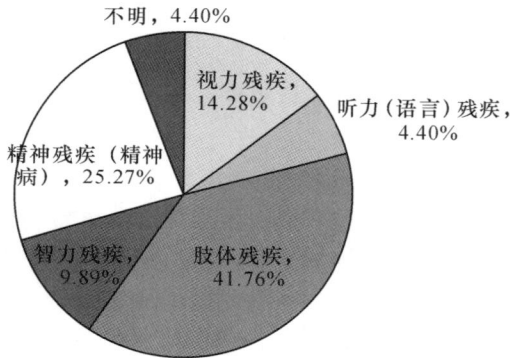

图 10-3　残疾群体的类别构成

2.个人收入及家庭情况

（1）个人收入水平及构成

这一群体的个人收入水平相对较低,年收入低于 6000 元的占 95％(远低于 Y 区农民近万元的人均纯收入),收入水平分布见图 10-4。

收入构成比较复杂,主要分为养老保险、子女亲属补贴、区老年人(残疾人)补贴、镇村困难补助(政府财政性补贴)、社会捐助、财产性收入(如房租)、经济合作社股份分红、其他等 8 类。其具体的构成见图 10-5。老年人(残疾人)的生活补助所占比例最高,为 26.78％(Y 区率先在全国范围内施行老年人及残疾人生活补助,月个人补助额度在 100 元到 200 元之间不等),养老保险次之,为 23.82％。这两项在其他地区可能所占比重不明显,

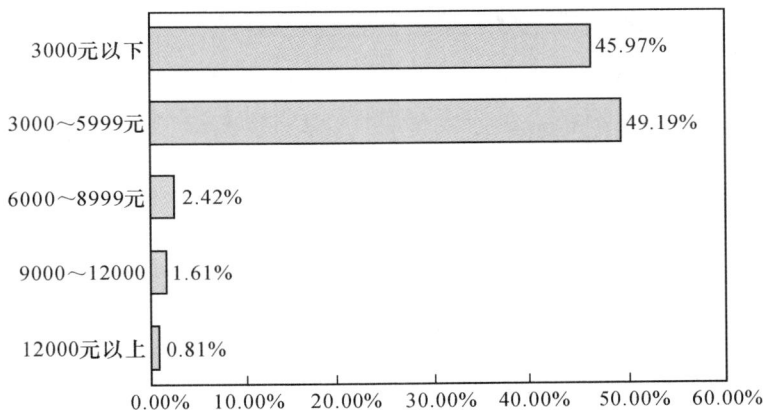

图 10-4　个人收入水平

整体来看，这一群体缺少固定的收入来源，主要还是依靠子女的赡养费用、亲属接济以及财政补贴等方式。社会捐助所占份额也相对较少。

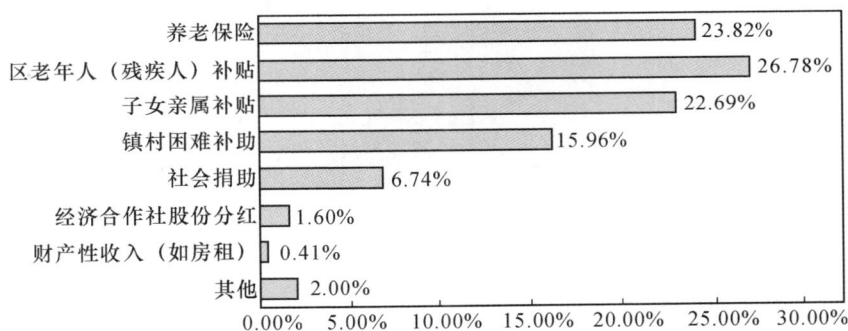

图 10-5　个人收入构成

（2）个人收入支出构成及支配情况

这一群体的收入支出主要集中在日常的生活费用及医疗康复费用的支付，两项加总已经占所有支出的 97％ 以上，见图 10-6。有约 65％ 的人承担不起医疗康复费用，而回答基本能承担的群体（约 33％）其身体状况相对较好，暂时不需要较大额度的医疗康复费用，见图 10-7。

由于受到行动能力的影响，这一群体能自主完全支配收入的仅占 22.95％，部分能支配收入的占 36.07％，完全不能支配收入的达到 40.98％（见图 10-8）。智力障碍、精神疾病及瘫痪在床的个体，通常由其他人代为

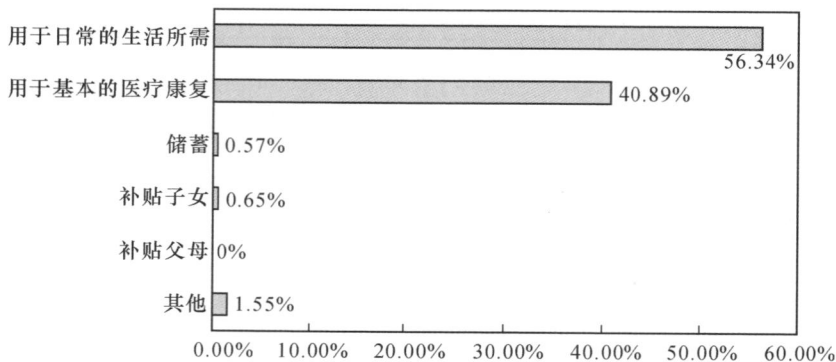

图 10-6   个人支出构成比例

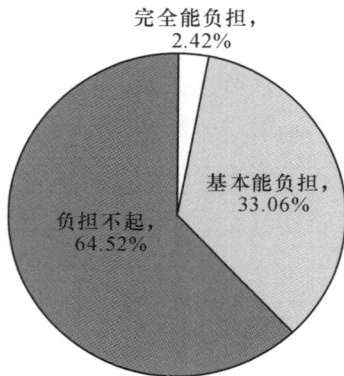

图 10-7   医疗康复费用负担状况

支配收入①。

（3）家庭的经济状况

对于家庭的年收入很难获得准确的数据，本研究分析的经济状况是由委托的问卷人根据所在村的实际经济水平，对目标对象家庭的经济状况做出的一个基本判断。这一判断是基于个体的主观认知，但鉴于问卷人为所在村长期居住的人员（部分在行政村担任相应职务），对调研对象的家庭情况相对比较了解，其判断可以视为能较好地反映真实情况。所获得数据如

---

①   是否存在代理人非按授权者意愿而支配收入的情况，本研究未作考察。基于中国社会的现实，在问卷中涉及类似的问题很难真实反映情况，据掌握的信息看，确实存在这种情况。

下：家庭经济情况一般（接近所在村的平均水平）的为 35.77％，贫困及很贫困的共计 61.78％（见图 10-9）。这一群体的家庭贫困是可以理解的，该群体长期未就业，加上医疗康复费用的支出等，导致家庭收入减少。同时，在残疾人家庭中，残疾人间的通婚较多，更加剧了贫困。

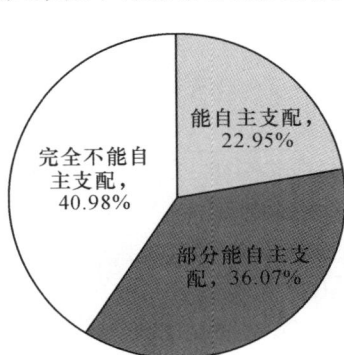

图 10-8　支出的支配权构成　　　　图 10-9　家庭经济状况

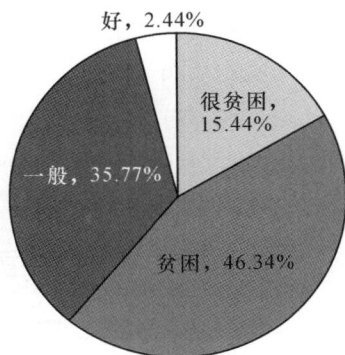

3.照料情况

（1）居住及主要照料人构成及其情况

如图 10-10 所示，老年群体主要与配偶一起居住，占 46.37％，丧偶后独居占 19.35％，如本研究中样本 Y10，是一位 97 岁的男性老人，生活完全不能自理，由保姆照顾，独居。年轻群体与父母一起居住的为多，占 15.32％。与子女（孙辈）居住的比例相对较少，仅为 12.5％。与亲戚（非直系亲属）一起居住的较少。其他的居住方式，主要指精神病人的住院形式①。还包括 2 例（非精神残疾）由家庭出资寄养在养老机构。

照料人的构成见图 10-11，其中：配偶照料达到 43.20％，居首；其次为子女照料，占 26.88％（其中儿子照料占 17.84％，女儿照料占 9.04％）；再次为父母照料，占 12.80％。保姆为出资聘请的专职（兼职）照料人，其所占的比例不大，仅占 4.32％，样本中 5 例由保姆全时照料，1 例由保姆兼时照料。其他形式的照料人相对较少。其他形式的照料人主要是指机构性照料

---

① 问卷显示，对社区有潜在危险的精神残疾群体主要由村集体出资将其送到相关机构进行治疗。

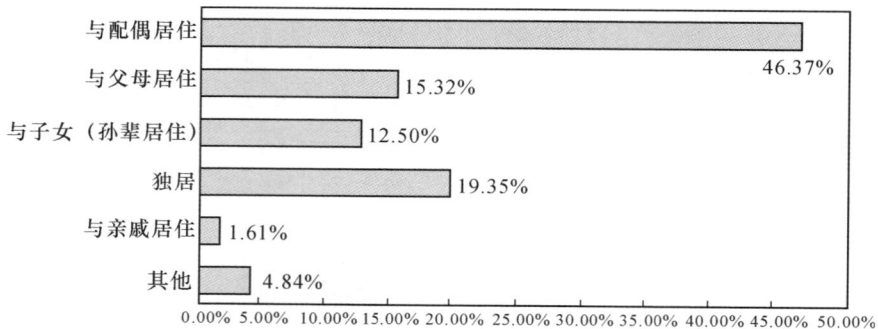

图 10-10　居住情况

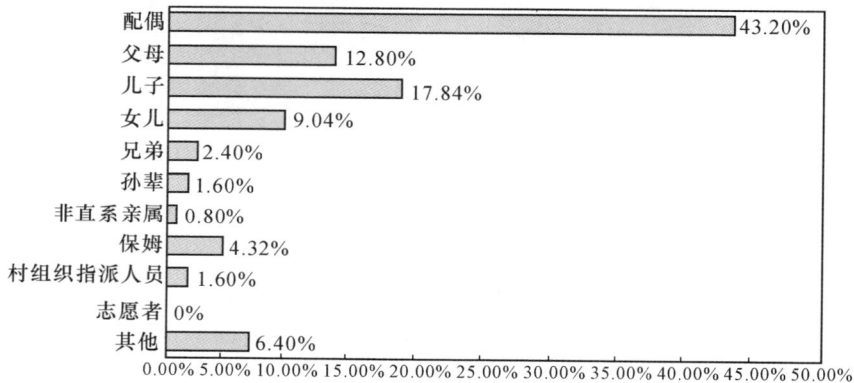

图 10-11　照料人构成

人(医院、福利院)。

　　照料人的状况见图 10-12。有能力照顾的占 36.69%,即自身的年龄、身体、工作等未受限,有时间及精力进行照料,扣除上文所指的机构性照料人及保姆后,其比例约为 26%。照料人年龄偏大是主要的问题,有 24.19%的照料人存在年龄偏大的问题。例如:样本 Y46,89 岁的丈夫照顾 84 岁的妻子(视力残疾而不能生活自理);样本 Y90,78 岁的母亲照顾 56 岁智力残疾的儿子。有 16.53%的照料人存在健康状况的问题[①],另有 16.53%的照料人工作繁重。

---

　　①　为了便于计算,把照料人同时具有老年特征及疾病体征的项,分别按照 0.5 权值进行处理,而实际上,老年与疾病的比例要比这一结果高些。

（2）照料情况及被照料人的满意度

被照料人的满意度，见图 10-13。基于以亲人照顾（配偶、儿女）为主的情况，被照料人所表达的满意度中，充满了较多的感情元素（出于对照料者的感激或迫于某些原因而对照料不足的实情进行隐瞒），所得的满意度约为 95％。研究中很难剔除这种情感因素而反映真实的状况。为弥补这一不足，对于研究对象的心态进行考察（见图 10-14），保持心态积极乐观的仅为 6.40％，而绝大多数被照料人为心态平常，占 72.00％，消极悲观者占 15.20％。满意度与心态之间不能形成一个明确的因果联结，但心态一定程度上可以反映潜在的满足度。本研究认为满意度应该没有数据所反映的那么高，从下文的照料情况中也可以看出一些问题。

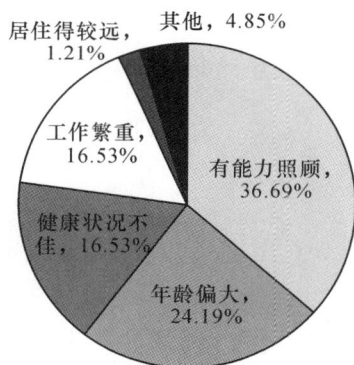

图 10-12 照料人状况

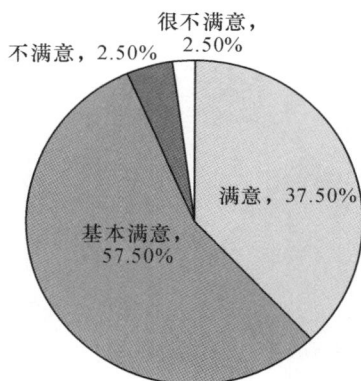

图 10-13 被照料人满意度

这一群体的照料形式，见图 10-15，以时段性照料为主，占 52.42％，专人看护方式次之，占 39.52％，这一照料人主要是非就业人口（老年照料人）对被照料人进行全天候的照料。白天大小便护理情况，见图 10-16，有 60.98％随时有人料理，而 29.27％有人料理，但时间间隔较长，9.75％白天基本无人料理。夜间照料情况相对较好，见图 10-17。

4.照料意愿

（1）照料人目前的照料意愿及认知

照料人对于被照料人的照料意愿基本倾向于想照料，而且有 65.04％的照料人认为应尽心尽力地照料，33.33％的照料人表示想照料但心有余而力不足，会力所能及地照料，见图 10-18。认为照料人是一种负担，毫无意

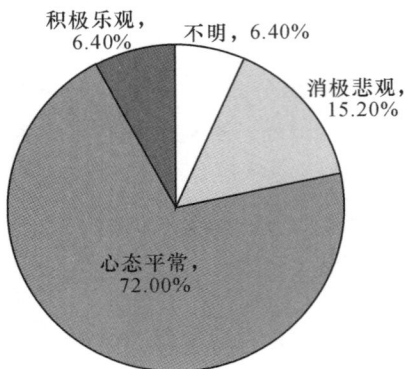

图 10-14　被照料人心态构成

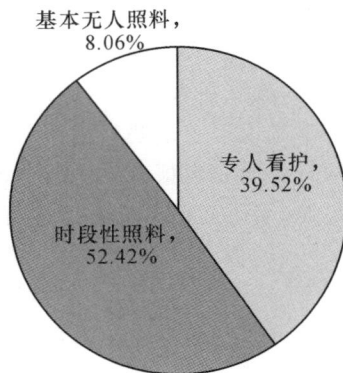

图 10-15　照料形式

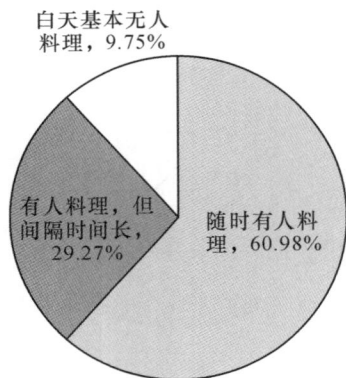

图 10-16　白天大小便护理情况

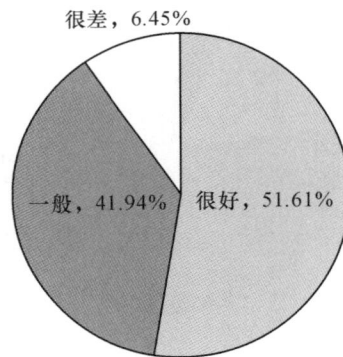

图 10-17　夜间照顾

义的人比例很小。以配偶、父母、子女为主体(直系群体)的照料人群体对于照料行为是持肯定态度的,而更多地表达了一种条件受限的客观现实,即主观意愿是要尽力照料,而客观上存在着较多的限制。

(2) 政府介入的照料意愿选择

对于是否由政府介入照料服务,62.40％(78 例)的受访者表示愿意,32.80％(41 例)的受访者持否定意愿。持否定意愿的原因构成见图 10-19,其中不习惯外人照顾占 41.25％,不愿意花钱占 28.79％,怕子女丢脸占15.00％,觉得毫无意义的仅为 7.50％。若政府进行财政补贴的话,希望政府介入的意愿会更为强烈。

在希望政府能介入的 78 例中,要求完全由政府支付照料服务的约为

46％,而认为对于困难的人由政府提
供部分或全额的补助,对于家庭条件
相对好的可由个人或家庭支付的约
为54％。

　　在对村级领导班子的调查中,约
70％(23人)的人表示村组织曾对该
群体提供过相应的物质支持,约91％
(30人)的人表示支持由政府介入对
于这一群体的照料服务,同时约76％
(25人)的人表示应全额由区、镇两级
财政拨付相关费用。

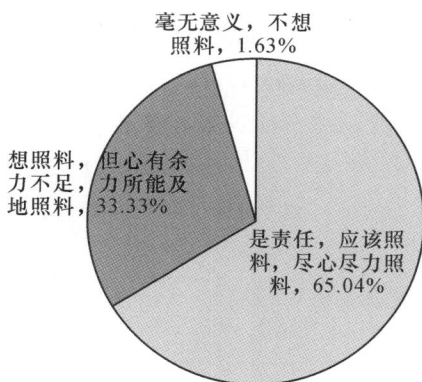

图 10-18　照料人的照料意愿

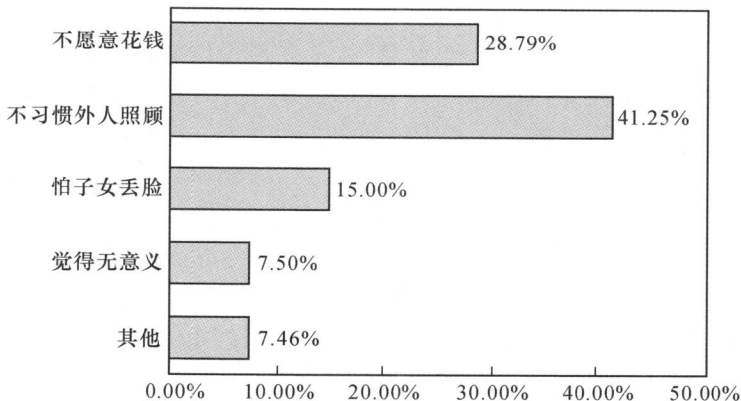

图 10-19　不愿由政府介入照料服务的原因

（3）照料内容及方式的需求

对于政府介入的照料服务需求见图 10-20。对于该项的处理过程为:
按样本中该项排序的先后给出相应的权值,确定该项中每一条目的值,然后
进行样本加总;每一条目的总值,以"家务劳动"的为基准,除以"家务劳动"
的值,显示每一条目的需求程度,结果如图 10-21 所示。居于第一位的是个
人卫生护理,其次为药品及医疗服务、白天的大小便服侍、白天的吃饭照料、
家务劳动。对于照料的形式,希望进行集中托管照料的为34％,希望居家
上门照料的为60％。

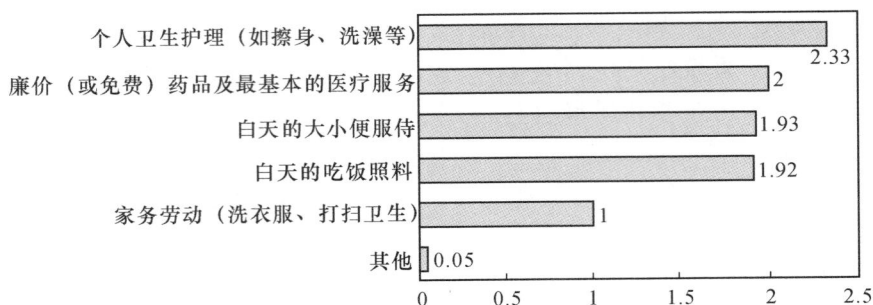

图 10-20　照料服务需求的权值

5.个案研究

Y 区 J 镇 L 村调研个案整理如下。

个案 1:吴 YE,女,66 岁,智力障碍,有多种慢性病,依靠丈夫照料,丈夫年龄偏大,照料困难,家庭无固定收入,依靠政府的养老及残疾人补助。

个案 2:陈 CD,男,65 岁,智力障碍,肢残,单身,无固定收入,无行动能力,依靠邻居帮助。(陈 CD 的户口不在 Y 区,因此不能享受五保户的政策,也没有相应的补助,住房系借住,有坍塌的危险,自幼寄养在该村。)

个案 3:任 YQ,女,57 岁,玻璃体浑浊,视物不清,身体还有多种慢性疾病,谈话时中气不足,乏力,只能从事简单的家务劳动;丈夫过世,女儿早逝,与子一起生活,子有智力障碍,生活不能完全自理。无固定收入,依靠老年及残疾人生活补助(母子月补贴 200 元左右),镇村年补助 3000～5000 元不等。

个案 4:陈 AH,男,70 岁,患有糖尿病等多种慢性疾病,自理能力差,与老伴生活,老伴身体亦不佳,子女贫困。

个案 5:陈 L,男,42 岁,肢体残疾(因早年受伤,导致股骨头坏死,身体不能直立),尚在五金厂工作(但医嘱要求他不能从事任何体力劳动,应休息,有随时瘫痪的危险),月入 400～500 元;未婚,与 60 多岁的母亲生活,母亲有腰椎方面的疾病,生活自理能力差;有弟弟,贫困。

个案 6:郁 YX,男,68 岁,丧偶,与子生活,因中风长期卧床,下肢瘫痪,上肢不灵活,生活无法自理,由儿媳妇兼时照料(儿媳妇目前无业,在家带孩子)。

个案 7:郁 YQ,男,82 岁,丧偶,有多种慢性病,生活不能自理,能简单活动(我们去时正在晒太阳,只能缓慢挪动身体),不能做饭,午饭由女儿(或女婿)送,女儿居住地较远。

　　个案 8:许 DK,男,41 岁,智力障碍,白日无人看管,四处闲晃,与 70 岁母亲生活,母亲身体不佳,有多种慢性疾病,仍在村附近工厂工作(工厂环境差)。

　　个案 9:郁 GN,男,62 岁,单身,精神病患者,无固定生活来源,目前寄居于康复中心,每月康复及生活费(700～800 元)由村组织负担。

　　这 9 个案例,基本与上述的问卷内容相符,可以作为问卷的直观补充。

第三节　结论及对策

　　对于农村生活不能自理群体的生活及照料情况的综合评介如下:(1)这一群体的家庭普遍比较贫困,个人的收入相对较少,缺少稳定的持续收入,基于这一经济现状,要改善这一群体的照料现状,需要有外部的力量(政府、社会)支持;(2)虽然被照料人的个人意愿表示对其所受的照料基本满意,但是从照料现实来分析,其所受的照料服务尚需要进一步完善与改进;(3)家庭成员,特别是配偶与父母承担了大多数的照料服务,随着照料人年龄的增大,这一照料模式将导致照料效果的退化,同时还可能由于照料人为被照料人而付出的努力而加速其自身蜕变为"生活不能自理人群"中的一员,缺少外部支持的家庭照料极容易导致家庭内部状况的恶化;(4)在照料现状中,政府、社区(村组织)、社会其他力量、村民互助基本上是缺位的,政府、社会力量主要提供不稳定的资金扶持,这虽然在一定程度上缓解了不能自理群体的生活困境,但是这一资金是否会真正用于改善这一群体的福利还缺少一定的监督体制;(5)以政府为主导的救助资金缺少一种有效的规划,其给付具有较强的随意性及不平衡性,即对于发放的对象、救助的金额缺少一个系统的指导、评介、监督体系,联结救助平台(慈善总会、残联、妇联等)的中间环节缺失,同时各救助平台之间的资源整合力度不够;(6)这一群体缺少属于他们的"代理人",代理人扮演的角色是帮助这一群体通过各种渠道来争取有效的资源与服务。

　　对策建议主要包括:(1)服务理念的务实化。政府对于生活不能自理群体的支持,要从原先临时性地给予资金支持转向更为务实地根据其实际需要提供资金与服务相结合的支持模式。(2)服务对象的目标化。政府部门要成立一定的专门部门,对于辖区内的生活不能自理的群体进行走访、登记,建立完备的档案,并且根据实际的情况制订照料服务协助计划。(3)服务内容的多样化。根据这一群体的实际需要,对于不愿意由政府照顾的群体,根据家庭的实际情况,为其家庭照料人提供一定的便利与协助,如请人帮助清洗衣服、打扫卫生;对于需要政府集中托管照料的,根据实际情况联系就近的福利机构或者聘请专人对村域内的人群进行集中照料。从出资形式而言,要考虑政府支持与被照料人自付相结合的方式。(4)服务供给的整合化。政府要整合各种资源,把相关的财政预算与慈善口径的资金进行有效整合,根据这一群体的实际需求有计划地拨付与购买服务。同时政府要培育社会服务的机构与专业人员,同时把部分原有机构的职能进行重置。

第十一章　县域中小企业的公共政策导入

从 20 世纪末开始,实务界与学术界已经提出要把中小企业的发展上升到国家战略的层面。各级各类的中小企业扶持政策不断增多。2008 年以来,受整体宏观形势的影响,中小企业发展遭遇难题,特别是融资问题备受关注,研究也相对比较集中。2009 年国务院出台了《关于进一步促进中小企业发展的若干意见》,对于中小企业的扶持进行了系统的布局规划①。整体来说,当前的中小企业的政策支持体系研究主要以产业公共政策研究为核心,涉及简政、减负、增加财政补贴及社会化服务供给等方面②。近些年从中央到地方各级部门推出的政策很多,如由工信部主持、面向全国的"中小企业发展专项基金项目""中小企业信用担保资金项目"等,其他政府部门,如科技部、商务部、人力资源和社会保障部,以及一些"准政府部门",如工商联、总工会等,都推出了相应的扶持政策。各省、市、县(区)也有相应的配套政策以及区域自主性的政策。我们可以将中小企业的扶持政策体系大致分为三个层级:(1)宏观(macro-level)的法律政策体系,即由国家、区域所制定的法律及产业政策体系所确定的小企业发展的"指导性"政策框架及平等权益。(2)中观(meso-level)的政策支持体系,即在宏观法律政策体系框架下,各级政府、各职能部门所制定的各类"实质性"的政策体系,在这个体系下,中小企业可以通过申请获得相应的资金、技术以及税费减免等支持。(3)微观(micro-level)的导入服务机制,即与目标企业建立直接的联系,提供相应的支持服务,帮助企业导入中观层级的公共政策体系。

---

① 浙江早在 2006 年就推出了《浙江省促进中小企业发展条例》,进行系统布局。

② 王晓红,毕克新. 中小企业技术创新支持体系研究综述[J]. 工业技术经济,2006,25(3);宁凌,王建国,李家道. 三省市科技服务业激励政策比较[J]. 经营与管理,2011(5).

第一节　问题聚焦

从当前的情况来看，中观的政策较多，而微观的服务机制相对比较少。中小企业数量多，其获得信息、资源的能力相对较弱，又相对比较分散，政府出于行政能力的局限，对于中小企业情况的了解程度不高。这就造成政策供给与政策需求之间的错位。许多企业不了解相关政策，也不知道如何申请支持。因此，从微观支持体系层面来完善"公共政策导入"（public policy access）机制，通过各种形式使政府与广大中小企业之间建立一种关联，以帮助企业在平等的环境中获得各类政策体系的帮助，很有必要。

公共政策是逐级传导（deliver）的，县（区）是最为基层的行政层级，县（区）政府应基于自身的财政能力制定相应的区域性公共政策。因此，县（区）政府是政策信息与资源最为集中的行政层级，公共政策的执行基本上是由县（区）政府负责。在县域层面建立微观支持服务体系，增强中小企业政策导入能力，是当前提升中小企业支持的政策效率与效果的一个关键因素。从另一个方面来考量，政府通过与目标企业建立相应的关联，以便将相应的资源给予最符合条件的企业，提升政策的有效性，这也是政府提升治理水平的一种需要，可以以此来营造公共政策的竞争效应，减少"权力寻租"。

第二节　理论分析与研究假设

一、理论综述及分析

中小企业是嵌入在经济网络与社会结构之中的，社会资本及相关理论在中小企业发展研究中已成为一个重要的视角。如企业社会网络、社会资本与企业绩效、企业发展之间的关系，企业社会关系与企业融资能力之间的关系等①。通过社会资本，企业可以获得更多的资源，包括政府资源，这是一个共识。本研究主要讨论社会资源与政策导入之间的关系，同时在此基础上建构微观支持政策体系。

对于社会资本的界定，学界有许多不同的看法。系统地提出社会资本理论的是 Bourdieu，他认为社会资本是由社会关系和嵌入在社会关系中的资源数量和质量组成的，是现实或潜在资源的集合体②。其后，Coleman 从资源的角度③、Burt 从结构洞的视角④、Putnam 从社会组织特征的视角⑤、Portes 等从能力的角度⑥对社会资本理论进行了有益的拓展。Lin 的《社会资本：关于社会结构与行动的理论》可以说是一个集大成之作⑦，其将社会资本定义为"在目的性行动中被获取的和被动员的、嵌入在社会结构中的资源"。Lin 的贡献在于，将宏观层面的社会结构与中观、微观层面的互动（interaction）、行动（action）之间的关系予以区分，认为社会结构更多是一种固化的状态，表现为一种金字塔形的层级结构（宏观），越趋于金字塔的高端，即地位（position）越高，可以导入（access to）与控制更有价值的资源；而社会结构中存在着可行的互动与行动，通过建立各种跨越性的渠道，突破结构性的限制，获得更多的社会资源。

Lin"结构—行动"分析框架明晰了社会资本的结构层次以及行动者获取资本（导入有价值的资源）的策略与途径。行动者的社会资本具有三种静态的优势：（1）社会结构（social structure）上的优势，即行动者在结构中的

---

①　房路生，顾颖，张晓宁. 企业家社会资本与企业创业绩效关系——基于陕西省经验的实证分析[J]. 生态经济，2010（4）；姚小涛，张田，席酉民. 强关系与弱关系：企业成长的社会关系依赖研究[J]. 管理科学学报，2008，11（1）.

②　Bourdieu P. Distinction[M]. London：Routledge and Kegan，1984.

③　Coleman J S. Social capital in the creation of human capital[J]. American Journal of Sociology，1988（94）.

④　Burt R S. Structural Holes：The Social Structure of Competition[M]. Cambridge：Harvard University Press，2009.

⑤　Putnam R D. Bowling alone：America's declining social capital[J]. Journal of Democracy，1995，6（1）.

⑥　Portes A，Sensenbrenner J. Embeddedness and immigration：Notes on the social determinants of economic action[J]. American Journal of Sociology，1993，98（6）.

⑦　Lin N. Social Capital：a Theory of Social Structure and Action[M]. Cambridge：Cambridge University Press，2004

地位（position）不同①——居于金字塔的顶端、中间或是末端，其所能导入的资源不同，位于金字塔顶端者可以获得更有价值的资源；（2）社会关系（social tie）上的优势，即行动者与其他行动者之间的关系——强关系、弱关系，不同关系结构的资源导入能力不同；（3）社会网络（social network）上的优势，即在交错的关系所构成的网络上所处的位置（location）——离社会桥（social bridge）最近的行动者可以导入更多的社会资源。除了静态优势之外，还存在着结构中的互动（interaction）：（1）地位与位置之间的交互（position-by-location），行动者在结构中的初始地位（original position）并不是固化的，可以通过网络关系，获取初始位置以外的信息和资源；（2）结构的情境性（structural contingency）②，即行动者的行动会受限于结构中的等级制，在社会资源的导入上具有局限性。

我们将宏观与中观的公共政策系统视为一种可供中小企业使用的、有价值的资源。社会资本理论的一个基本命题（proposition）即其回报性（收益）取决于其导入（access to）与控制相关资源的能力。作为嵌入在社会结构中的中小企业，若想要导入（获得）这些政策资源，则要利用其在社会结构上的优势。

二、基本假设

1. 政策导入的假设

（1）政策导入（policy accessibility）的界定

有些学者在文献中，将"access to"翻译为"获得"，本研究认为翻译为"导入"比较好。"获得"的意思是通过某种方式而拥有某种资源，而"导入"则是"接入"的意思，即具备拥有某一特定资源的资格，成为备选的获得者。也有人将 accessibility 翻译为"可达性"，这个还是比较准确的，本章则将之翻译为"导入性"，与"可达性"含义上基本相同。政策导入，在本研究中，其含义是政策的内容被有效地传达（告知）给目标的受益群体，同时目标受益

---

① 本章将 position 翻译为地位，将 location 翻译为位置。

② 有翻译成"结构的相依性"的，contingency 这个词没有相依的意思，这里更接近于"视情况而定"，即情境性。

群体可被"公平"地接纳为获取公共政策的"竞争者"。

（2）有关政策导入的假设

基本假设：1）均惠性假设。区域内的中小企业均可以享受到均等化的政策支持。2）均质性假设。政策所给予的支持是均质化的，即以相同的量、相同的形式予以支持。产业特征不同，政策倾斜是不同的，支持方式也不同，要用控制变量进行控制。在实证中，要选择同类企业。

2.社会资本的相关假设

基于 Lin 的框架，从达上性、拓展性、异质性三个方面进行假设。

（1）达上性（upper-reaching）限制假设

由于等级制结构的地位固化，中小企业难以导入等级结构中的上层资源，因为中小企业位于等级制金字塔的底端。从地方政府行为的理性人假定出发，地方政府更加愿意服务于金字塔结构的上层——大企业。在研究中表明，企业家的政治身份对企业绩效有影响。有研究表明，企业所持有的政治关系与企业贷款之间具有正相关性[①]。

假设1（达上性）：在社会结构中，中小企业居于等级制结构的底端，其导入公共政策资源的能力较弱。

在财政能力以及地方政府行政能力有限的条件约束下，中小企业所处的社会地位决定了其在获取有价值的资源上的劣势。基于中央政府职能细化以及中央—地方行政体制同构的行政结构，地方政府一般都要兼顾公共政策资源对中央设定的目标受益对象的倾斜，所以在很大程度上中小企业也还拥有公共政策资源的"利基"（niche）。

假设1a：行政上的塔西佗陷阱效应[②]在一定程度上制约了企业家导入政策的意愿。

英国的一项研究指出，政策在很大程度上具有选择性（selective），很多企业被排斥在支持政策之外。中小企业家基于其所处的社会结构弱势地位考虑，并对于公权力"寻租"存在一些预设的判断，部分中小企业家对于公共

---

① 李斌，江伟.金融发展、融资约束与企业成长[J].南开经济研究，2006(3)；余明桂，潘红波.政府干预、法治、金融发展与国有企业银行贷款[J].金融研究，2008(9).

② 塔西佗效应一般指的是在民众对公权力失去信心之时，不管做好、做坏，民众都持不信任态度。这里指的是少部分企业预设各类惠企政策存在权力寻租的可能，无法通过公平竞争获得，不愿意去申请。

政策缺少导入的意愿。

假设 1b：政治互动对于企业家导入公共政策的意愿有正向的影响作用。

有学者开展过有关政治关联与民营企业经营绩效之间的实证研究[①]，认为政治互动大致是在政府部门、大企业的工作经历以及政治参与（人大、政协）等，从意愿的角度上来说，具有更强的导入意愿，同时也可以获得更多的帮助。

（2）拓展性（extension）局限的假设

公共政策的导入存在交易成本。供方（政府）要识别目标群体，并将其导入公共政策，需要很大的行政成本；需方（中小企业）的社会关系相对较少，很难与政府之间建立一种直接的联系，投入的成本相对较高。

假设 2：社会关系及网络中，中小企业所处的"位置"及"关系"不利于其拓展社会关系和导入相应的政策资源。

整体来说，中小企业分布得相对较为分散，自身的社会关系及资源的整合能力较弱，这就导致其在导入公共政策中处于一种弱势地位。其资源导入的方式，主要还是依靠传统性的家族、朋友关系。程恩富等区分了"继承性关系""生成性关系"[②]，Lin 也提到了先赋性（ascribed）、继承性（inheritance）与获得性（acquired）三种情况[③]。先赋性与继承性的社会关系，其更多的是一种强关系。边燕杰等[④]的研究发现，在中国情境中，有"体制洞"存在（寻租现象），即亲戚、朋友熟人所构筑的强关系在资源导入上所起到的作用更加大。

假设 2a（继承性关系）：家族、朋友是中小企业家依靠的主要资源。

假设 2b（生成性关系）：某些生成性关系相对较少，但对中小企业导入政策帮助较大。

假设 2b-1：嵌入在产业园区以及村（社区）中的中小企业更容易导入公

---

① 邓建平，曾勇. 政治关联能改善民营企业的经营绩效吗[J]. 中国工业经济，2009(2).

② 程恩富，彭文兵. 社会关系网络：企业新的资源配置形式[J]. 上海行政学院学报，2002(2).

③ Lin N. Social Capital：A Theory of Social Structure and Action［M］. Cambridge：Cambridge University Press，2004.

④ 边燕杰，丘海雄. 企业的社会资本及其功效[J]. 中国社会科学，2000，2(2)；边燕杰，张文宏. 经济体制、社会网络与职业流动[J]. 中国社会科学，2001(2).

共政策资源。

中国行政管理的模式是一个层级制管理模式，属于产业园或村（社区）的企业更容易导入政策资源，有更多的被告知与被推荐的机会。

假设 2b-2：列为政府及职能部门支持项目的企业，更容易导入公共政策资源。

假设 2b-3：企业加入产业组织，更容易导入公共政策资源。

中国的产业组织在很多情况下具有"准政府部门"的特质，对于中小企业来说，加入相应的产业组织或是其他组织更容易导入公共政策资源。

（3）异质性（heterogeneity）困境的假设

假设 3（异质性）：异质性互动（弱关系）对于中小企业发展的政策导入更为有效。

社会关系的互动包括同质性互动与异质性互动两种。同一社会网络中群体之间共享的信息相对比较"闭塞"，而固有社会网络之外的信息更具有"价值"，可能带来更多的回报。中小企业家的社会资源相对较弱，其圈子很多时候只是局限在家族与生意上的朋友，获得的信息具有同质性特点。Granovetter 通过对美国就业市场的研究发现，一般相识的人所提供的信息比亲戚、朋友提供的信息更有价值，因为一般相识的人所提供的信息跳出了"强"社会关系（群体）的局限[①]。

假设 3a：在中小企业家的朋友中，生意上的朋友与政府部门的朋友相比较，后者对于其获取政策信息与导入政策更有帮助。

相比较而言，生意上的朋友，其圈子相似，所以其所传导的信息基本上是同质性的，虽然会在政策导入上有所帮助，但是政府部门的朋友所提供的信息对于导入政策更有帮助。

假设 3b：政策推介模式创新可以帮助企业更好地导入政策。

公共政策导入需要一个"推介"的过程，来促成目标群体导入公共政策。不同的政策推介模式对于中小企业的政策导入的影响是不同的。在很多时候，政策导入模式是以行政层级的逐级推荐为主要方式的，而各层级在推荐上又以自己所掌握的有限的资源信息作为基础。层层推荐的形式会阻碍广大的中小企业导入政策，通过网络等媒体平台，以企业申报的方式来导入政策对于企业有更大的帮助。

---

① Granovetter M S. The strength of weak ties[J]. American Journal of Sociology, 1973(6).

第三节　模型建构与变量测定

一、模型建构

本研究为研究"社会资本"（社会地位与社会关系）对"政策导入"的影响，建立回归模型。因变量（被解释变量）为政策导入；自变量（解释变量）为"社会地位认知（企业家意愿）组"中的 3 个变量和"社会关系（网络）组"中的 5 个变量；控制变量为"企业家特征"中的 6 个变量和"企业特征"中的 4 个变量。

应用多元线性回归模型来验证假设（SPSS 软件进行多元线性回归分析，应用"强迫进入变量法"（enter）），建立模型 1、模型 2、模型 3、模型 4，依次增加相应的变量（组），进行模型间的比较。

二、调研说明

本研究以浙江宁波鄞州区为调研区域。政策导入是一种前瞻性的选题，因为这是政策创新以及提升政策绩效的一个方向，但是其必须是在中小企业集聚、具有财政实力且行政能力强的区域才能推进与实施。选择鄞州的原因是，鄞州中小企业公共服务体系建设相较于其他的区域比较完善，各级政策传导以及区域自身创新的政策资源比较丰富，中小企业也多，样本具有一定的代表性。笔者选择了具有代表性的 3 个乡镇、2 个街道，随机抽样调查，发放调研问卷 250 份，实际回收有效问卷 214 份。为了有效控制政策的稳定性，将调研的企业锁定为主营业务收入在 2000 万元以下规模的工业企业。

三、量表及信度

本研究的量表采用的是李克特的五点量表。问卷总量表信度 Cronbach's α 的值为 0.855；社会地位认知组的分量表 Cronbach's α 值为 0.824；社会关系（网络）组的分量表 Cronbach's α 值为 0.589，信度较差，但还在可接受的范围内①。

四、变量的测定

1. 政策导入变量

本研究设定的政策导入，并不是让所有的企业都获得政策，而是建立一种让企业能够熟悉政策，知道如何申请相应政策的机制（微观服务支持体系）。这里用对现有各种中小企业相关的优惠扶持政策的熟悉程度作为替代，设置"非常熟悉、比较熟悉、一般、比较不熟悉、非常不熟悉"五个选项，分别赋值为5～1。政策导入变量是因变量。

2. 社会地位认知（企业家意愿）变量组

社会地位认知会影响中小企业导入政策的意愿。社会地位是隐性的，这里主要是通过企业家的评价来测定，同时还对"政治互动"进行测量，即测量实际中小企业与政府的互动情况，假定政治互动改变对其自身政策地位的认知。

（1）地位认知变量："中小企业家在政府工作中的地位（与大企业相比较）"，设置"非常高、比较高、一般、比较低、非常低"五个选项，赋值为5～1。

（2）政策认知变量："当前政策的公平性程度"，设置"非常高、比较高、一般、比较低、非常低"五个选项，赋值为5～1。

（3）政治互动变量："参加政府组织的教育培训、政策推介以及其他形式的会议，对于企业发展的帮助程度"，设置"非常高、比较高、一般、比较低、非常低"五个选项，赋值为5～1。

3. 社会关系（网络）变量组

社会关系（网络）变量，主要测量强关系的家族、朋友以及弱关系的行业组织互动及政府的网络政策推介。

（1）家族关系变量："在政府工作中的家族成员对于企业发展的帮助"，设置"非常大、比较大、一般、比较小、非常小"五个选项，赋值为5～1。

---

① 0.589较为接近0.6，尚属于可接受的范围，对于量表不作调整。（学术界对于 α 值的界限也有不太一致的看法，有些认为0.5～0.6也是可接受的。）

（2）朋友关系（行业相关）变量："行业内的朋友对于企业发展的帮助"，设置"非常大、比较大、一般、比较小、非常小"五个选项，赋值为5～1。

（3）朋友关系（政府部门）变量："在政府部门工作的朋友对于企业发展的帮助"，设置"非常大、比较大、一般、比较小、非常小"五个选项，赋值为5～1。

（4）行业互动变量："参加的行业协会、企业协会，对于企业发展的帮助程度"，设置"非常大、比较大、一般、比较小、非常小"五个选项，赋值为5～1。

（5）政府推介变量："政府的网络平台等政策推广媒介，对于你熟悉了解政策的帮助程度"，设置"非常大、比较大、一般、比较小、非常小"五个选项，赋值为5～1。

4.控制变量

（1）企业家特征变量

性别：男＝0，女＝1；教育：分为"本科以上、本科、专科（高职）、高中（中专）、高中以下"，以本科及以上为参照，建立虚拟变量；政治身份：党代会代表、人大代表、政协代表或青联代表等＝0，非此身份＝1；工作经历：有政府机构或大型企业工作经历＝0，无此经历＝1；能力自评：社会关系能力自评，设置"非常好，比较好，一般，比较差，非常差"，赋值为5～1。

（2）企业特征变量

区位特征：产业园区内＝0，不在产业园区内＝1；行业特征：列为省市区支持项目（含：高新技术企业等）＝0，未列入省市区支持项目＝1；企业规模：分为"大规模（1000万～2000万元）、中规模（500万～999万元）、小规模（500万以下）"，以大规模为参照，建立虚拟变量。

第四节　研究结果

一、描述性统计结果分析

企业家及企业特征具体变量的测定结果见表11-1。

表 11-1　变量测定结果

变量	N	极小值	极大值	均值	标准差
政策导入	214	1.00	5.00	2.1402	1.06545
企业家特征					
性别[a]	214	0.00	1.00	0.0514	0.22133
年龄	214	23.00	56.00	38.0794	7.41830
教育[b]					
本科	214	0.00	1.00	0.3505	0.47823
专科(高职)	214	0.00	1.00	0.2383	0.42705
高中(中专)	214	0.00	1.00	0.1916	0.39447
高中以下	214	0.00	1.00	0.1449	0.35278
政治身份[c]	214	0.00	1.00	0.9439	0.23061
工作经历[d]	213	0.00	1.00	0.8873	0.31694
能力自评	212	1.00	4.00	2.5283	0.72475
企业特征					
区位特征[e]	213	0.00	1.00	0.8404	0.36712
行业特征[f]	214	0.00	1.00	0.9159	0.27821
创办年数	213	1.00	13.00	4.0939	2.35336
企业规模[g]					
中规模	214	0.00	1.00	0.4065	0.49234
小规模	214	0.00	1.00	0.2991	0.45892
社会地位认知(企业家意愿)					
地位认知	213	1.00	4.00	2.1408	0.73899
政策认知	214	1.00	5.00	1.9112	0.90723
政治互动	212	1.00	4.00	1.4481	0.76173

续表

变量	N	极小值	极大值	均值	标准差
社会关系(网络)					
家族关系	212	1.00	4.00	1.9858	0.67787
朋友关系(行业相关)	213	1.00	4.00	2.1549	0.67253
朋友关系(政府相关)	214	1.00	4.00	1.7664	0.78219
行业互动	214	1.00	4.00	1.4813	0.75503
政府推介	214	1.00	5.00	1.7523	0.81036
有效的 N	205				

注:a.参考类别为"男性";b.参考类别为"本科以上";c.参考类别为"党代会代表、人大代表、政协代表或青联代表等";d.参考类别为"政府机构或大型企业工作经历";e.参考类别为"产业园区内";f.参考类别为"列为省市区支持项目";g.参考类别为"1000万～2000万元"。

中小企业家整体的政策导入(政策熟悉度)评测均值为 2.1402,处在"比较不熟悉"的层面。政策熟悉度的直方图(正态分布),见图 11-1。赋分值 4 与 5 的很少,验证了假设 1,中小企业所导入的有价值的政策资源相对较少。

社会地位认知中的地位认知赋分值平均为 2.1408,处于"比较低"的程度;政策认知(公平)的值为 1.9112,水平也较低;政治互动的值为 1.4481,更低。中小企业与大企业相比,数量大,很分散,政府与中小企业的直接互动相对较少(帮助不大)。中小企业对于其在政策中的地位以及政策公平性的认知水平相对较低。

在社会网络关系中,强关系的家庭关系、朋友关系对企业发展的帮助要好过产业组织,在强关系中,其帮助程度的次序为:产业内(生意上)的朋友帮助最大,其次是家庭,最后是政府机构内的朋友。

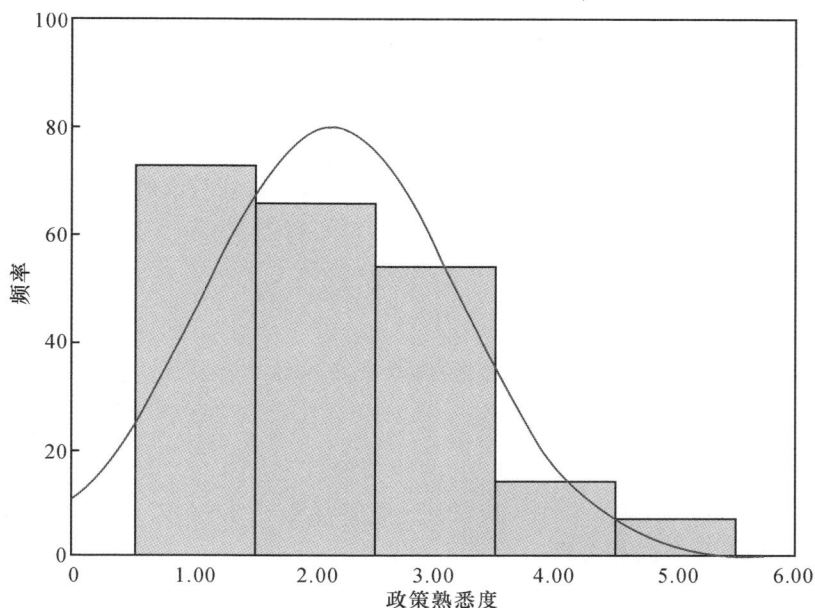

图 11-1　政策熟悉度直方图

二、多元回归模型结果分析

1.企业家特征与政策导入

男性相比较于女性更加容易导入政策（$P<0.1$ 显著），但女性比例仅为5％，可比较的样本太少。高学历教育背景的较学历较低者更加容易导入政策（$P<0.0001$ 显著）。党代会、人大代表,政协以及青联委员等相较于无此身份者容易导入政策。有政府机构及大型企业经历者导入性较好。若将社会地位认知以及社会关系（网络）变量纳入回归模型中，见模型 3 与模型 4，本科以上学历相比较高中以下学历者在 $P<0.1$ 上显著，即高学历者（本科以上）的政策导入要明显易于低学历者（高中以下）。政治身份在 $P<0.05$ 上显著,其系数变为正（0.139），表示不拥有相关政治身份者在政策导入上要易于拥有相关政治身份者,这主要原因在于一则是中小企业家中拥有政治身份的样本少,二则是"社会地位认知""社会关系（网络）"对于"政治身

份"有很强的替代性。

2.企业特征与政策导入

在区位特征中,产业园区内的企业相比较于非产业园区内的企业要容易导入政策资源($P<0.05$ 上显著);在行业特征中,列为政府项目的企业相较于未列为政府项目的企业要易于导入政策资源($P<0.01$ 上显著);在企业规模中,大规模企业较于中、小规模企业要易于导入政策资源。假设 1a、假设 1b 暂不考虑,但是在模型 3 和模型 4 中企业特征也不明显。

3.社会地位认知(企业家意愿)与政策导入

这一组变量,在模型 3 和模型 4 中,其显著性最为明显,其系数及显著性见表 11-2。验证了假设 1、假设 1a 以及假设 1b,即企业家的社会地位认知、企业家对于政策公平性认知以及企业家所参与的政治互动,对于企业政策导入具有显著的相关性。

4.社会关系(网络)与政策导入

家族关系、朋友关系(行业相关)、朋友关系(政府相关)三者之间,政府相关的朋友最为显著($P<0.0001$),其系数为 0.235。相比较于有血缘的家族与有业缘的朋友,政府朋友属于一种相对的弱关系,同时也是一种异质性的互动,异质性互动可以带来更多的异质性信息与资源。在政府的推介模式中,网络等新兴媒体是一个重要的平台,对于企业家的政策导入也具有非常显著的相关性($P<0.0001$),其系数为 0.302。

5.回归模型对因变量的解释度分析

模型 1,企业家特征变量为自变量,调整 R^2 为 25.9%;模型 2,加入了企业特征变量之后,调整 R^2 增加为 38.7%;模型 3,再增加社会地位认知(企业家意愿)变量之后,调整 R^2 增加至 58.1%;模型 4,又增加了社会关系(网络)变量,则调整 R^2 增加至 67.9%。模型对于因变量的解释度是在不断增加的,说明在很大程度上社会资本对于企业家政策导入的影响替代了企业家以及企业自身的特征性影响。另外,模型 4 的共线性统计量 VIF 值都小于 5(小样本),统计上排除多重共线性问题。

表 11-2　社会资本对政策导入影响的多元回归模型（标准回归系数）

模型	模型 1	模型 2	模型 3	模型 4
企业家特征				
性别[a]	−0.105*	−0.069	−0.026	0.001
年龄	0.056	0.059	0.045	0.092
教育[b]				
本科	−0.440****	−0.229**	−0.002	−0.067
专科（高职）	−0.491****	−0.297***	−0.027	−0.099
高中（中专）	−0.486****	−0.279***	−0.067	−0.108
高中以下	−0.499****	−0.293***	−0.109	−0.156*
政治身份[c]	−0.239****	−0.080	0.045	0.139**
工作经历[d]	−0.180***	−0.141**	−0.065	−0.039
能力自评	0.132**	0.078	0.018	−0.028
企业特征				
区位特征[e]		−0.159**	−0.016	−0.035
行业特征[f]		−0.244***	−0.085	0.014
企业规模[g]				
中规模（500 万～999 万元）		−0.214**	−0.055	−0.022
小规模（500 万元以下）		−0.173**	−0.018	0.043
创办年数		−0.077	−0.031	0.003
社会地位认知（企业家意愿）				
地位认知			0.193**	0.123**
政策认知			0.322****	0.116*
政治互动			0.264****	0.222***
社会关系（网络）				
家族关系				0.020
朋友关系（行业相关）				0.061

续表

模型	模型 1	模型 2	模型 3	模型 4
社会关系(网络)				
朋友关系(政府相关)				0.235****
行业互动				0.062
政府推介				0.302****
常数	4.092****	4.638****	0.510	−1.289*
N	211	209	207	204
R	0.539	0.654	0.784	0.845
R^2	0.290	0.428	0.615	0.713
调整 R^2	0.259	0.387	0.581	0.679
F	9.140****	10.374****	17.768****	20.589****

注:(1)* $P<0.1$;** $P<0.05$;*** $P<0.01$;**** $P<0.0001$;(2)a.参考类别为"男性";b.参考类别为"本科以上";c.参考类别为"党代会、人大、政协代表或青联代表等";d.参考类别为"政府机构或大型企业工作经历";e.参考类别为"产业园区内";f.参考类别为"列为省市区支持项目";g.参考类别为"1000 万~2000 万元"。

第五节　研究结论及政策建议

本研究的聚焦重点在微观公共政策体系建构。公共政策不能单纯是以文件形式为主体的申报系统,还需要一个与此相匹配的公共政策导入机制,即微观公共政策支撑体系。政策导入体系的建立与完善,也是一种政府治理以及公共服务转型的需要。下面就拓展研究的一些基本结论,从政策导入与公共政策建构的视角上来做一些深入的讨论。

1.政策导入的意愿与公共政策公平性问题的讨论

公共服务,其公共性就是要体现在公平、公正、公开之上,政策导入的目标,就是要提供中小企业平等"接入"公共政策资源的机会,同时,产生公共政策资源的"竞争"效应,让更具潜质、更需要获得帮助的企业获得相应的资源。有关政策导入问题的研究,其实也是对于公共政策公平性问题的探究。中小企业对于公共政策信息及申报渠道的熟悉程度以及对于公共政策导入公平性的认知,直接关系到公共政策本身的绩效。从本研究结果中可以看到,企业家对于企业在公共政策中的地位以及公共政策的公平性的"认知",显著影响其政策导入程度。

2. 政策导入的交易成本与社会资本问题的讨论

中小企业能力弱、区位分散、产业类型复杂,与地方政府之间的互动相对较弱,政府鉴于财政、行政能力的约束,在政策导入时存在很大的交易成本,要让中小企业全覆盖地导入公共政策,政府的行政压力会很大。乡镇(街道)一级的政府的主要服务对象是规模以上企业;各级职能部门的项目基本上是依靠层层申报,乡镇(街道)、产业园区、村(社区)成为主要的推荐主体,而这些推荐主体本身对于中小企业的整体发展情况不太了解。社会资本成为企业与政府降低交易成本的一种途径,企业通过社会关系来寻求政府支持,政府也利用现有社会关系(网络)资源寻求目标服务对象。社会资本在一定程度上可以规避政策导入的交易费用,但政府需要重新建构政策渠道。

3. 政策导入体系建构与政府公共关系重构问题的讨论

在社会资本建构上,其所采取的方式在很大程度上还是一种传统的"强关系"。"强关系"往往会有很强的"排他性"。社会关系不强的中小企业,在一定程度上会被排除在政策体系之外。在服务型政府、透明型政府建设框架下,政府的公共关系需要重构,要从传统的"强关系"向"弱关系"转变,即政府与目标服务对象之间是一种弱的关系,要杜绝某些企业通过强关系来寻租的倾向。以网络为媒介的公共信息与服务平台是这种弱关系建构的重要载体,通过本研究也可看到这种网络渠道推介与政策导入之间的显著相关性。除此之外,政府要引导企业家协会、行业协会等准政府机构发挥其在公共关系建构上的作用。

4. 政策导入与公共政策的整合性问题的讨论

职能同构与地方竞争是我国行政体系的一个重要特征。由此,公共资源被部门分割,这也是政策导入的一个难题,即多部门、多形式、多渠道的政策体系，使得对行政体系不熟悉的中小企业面临政策导入困难。就社会资本来说，企业需要建构许多不同的社会关系来导入政策。就这一问题，本研究没有作专项的研究，但是这个问题是一个值得深化的问题。

对策建议方面：一是要整合公共政策资源，搭建中小企业服务的整合平台。县域成立领导、协调的工作小组，将各部门、各条线的各种宏观、中观的政策进行有机梳理，建立中小企业的服务网站，在公共服务中心建立相应的咨询窗口，企业可以通过网站了解各类信息，并通过网站进行项目申请，提供服务。二是要加大公共政策服务平台的宣传力度，增强公共政策的透明度、认知度、参与度，在中小企业中形成良好的口碑，发挥网络媒介来增加中小企业的社会资本，提升其政策导入能力。三是要发挥行业协会、企业家协会等准政府部门的作用，吸纳中小企业会员，推介、宣传政策，帮扶企业导入政策。四是要面向中小企业，开展一些企业发展论坛、企业家短期培训、企业家政策推介等增强政治互动的活动。

第十二章　县域城乡统筹模式的政策转换

　　改革步入了攻坚期、深水区，要推进后续的改革，需要由基于发展大逻辑的"顶层设计"（top-down design）作为其内里的支撑。本章从分析现有的城乡制度性二元结构入手，认为发展权的缺失是当前城乡统筹的核心问题，继而以分配正义为伦理分析的基点，提出当前的政策设定逻辑要从福利分配转向权利分配，在此基础上以演化博弈模型讨论了新型城乡统筹的治理结构。

　　在前述的顶层设计中，除了科学性、系统性的建构之外，应该涵括"道义"（moral）与"伦理"（ethical）的考量，建立符合中国情境以及中国价值共识的改革方案。在道与器、道与术之间的辨析中，道应该成为内里的改革逻辑与改革底气。具体而言之，即将社会主义公平正义的伦理观融入公共政策之中，突破实用主义的"实践观"或是西方经济学的"效率观"所建构的技术化藩篱，倡导伦理分析与技术分析在政策实践中的并重性。在当前层出不穷的各类政策工具的创新中，公共伦理的声音往往会被淹没，而事实上大数据等现代的电子治理（e-governance）并不能够解决潜在的公共伦理问题。公共伦理问题需要被置于社会的公共空间中予以讨论。对于城乡统筹的"公共政策集"的政策分析，也要有相应的伦理分析。城乡统筹的"伦理"设定在于对前期"三农"领域在城乡二元割裂中所做出的"牺牲"进行正义补偿[①]。毋庸置疑，在这一补偿性的城乡统筹机制之中，将城镇的要素、资源导向农村，特别是农村公共品（服务）的供给，大大提升了农村的福利水平。但在这种政府主导的供给模式中，一方面，大包大揽的供给模式增大了政府的社会性负担，弱化了社会的自治、自足能力；另一方面，短期性、应景性的公共品供给较多，与现实需求之间的差距较大，出现了一些供给失败

---

　　①　李蓬. 对传统"三农"体制的制度创新和伦理思考[J]. 武汉科技大学学报（社会科学版），2009，11（5）；刘生，马书琴. 我国城乡二元结构转型的伦理路径探析[J]. 学术交流，2011（2）.

（failure）的情况，即供给低效或者供给无效，造成公共资源的浪费。在这种政府主导的供给模式中，政府成为公共资源分配的主体，农民更多地处于被动接受的地位。我们要对"三农"发展的公共伦理进行重塑，逆转这种主从关系，形成"藏富于民"的共享发展（sharing development）机制，使农民成为发展的主体。国家层面颁布了《关于稳步推进农村集体产权制度改革的意见》，可以视为新型的城乡统筹机制的形成，即是以农民的"集体产权"赋权（初始状态分配）来提升农民内源性的"发展权"。这种发展模式背后所要突破的是发展伦理（分配正义）的转向——从公共资源的"福利分配"转向"权利分配"。

第一节　问题聚焦：城乡制度性二元结构与发展权缺失

中华人民共和国成立后中国的城乡治理是分割而"治"，与西方地理性、产业性、市场性的二元结构所不同，呈现为制度性、政策性的城乡二元结构。在表象上，中国的城乡关系特征与刘易斯所设定的二元结构之间有些类似，但是其内在的机理则大为不同，所以刘易斯的模式并不完全适用于中国城乡二元关系的解释。城乡制度性二元结构造成的制度差异，从宏观而言，是复杂的公共政策体系，微观来看，则是农民"发展权"缺失的问题。这种发展权的缺失，远非是一种以经济为主导的补偿机制所能够弥合的。

一、剪刀差：表象上的经济不平等

对于城乡关系的不均衡、不平等与非正义性的研究，往往是从"剪刀差"入手的。不同学者对剪刀差的测算，基于其所建构的指标上的差异，结果是不同的。对于剪刀差的研究主要聚焦在两个方面：一是农产品价格的剪刀差。1950—1978 年政府通过工农产品剪刀差大约取得了 5100 亿元收入，1979—1994 年政府通过工农产品剪刀差大约取得了 15000 亿元收入[①]。二是农地价格的剪刀差。有一种测算是根据从改革开放起步到 2006 年左右国家从农村征用了 1 亿多亩耕地，按平均每亩 10 万元计算，高达 10 多万亿

---

① 任浩，郝晋珉. 剪刀差对农地价格的影响[J]. 中国土地科学，2003，17(3).

元,按照留存农村集体 25％～30％的比例,实际农地价格剪刀差为 7000 多万亿元。土地价格的剪刀差,很大程度上支持着城镇化的发展进程。三是其他形式的剪刀差。孔祥智在估算时[①],除了农产品、土地之外,还将劳动力(农民)价格"剪刀差"计算在内,其所估算的隐性贡献累计高达 18.9 万亿～23.9 万亿元(1978—2012 年),同时他还估算出农村资金净外流累计高达约12.5 万亿元,此即是一种资本经营性的剪刀差——农村发展机会缺失会导致资本的外流。

二、累积效应(accumulative effect):路径依赖与政策稀释

"剪刀差"现象,从表象上看是一种经济性的城乡不公平,而这些都是源于制度性的二元结构,所以用一种"反哺"策略将剪刀差补齐,并不能解决内在的制度性问题。在长期的相对不平等的格局中,这种分割性制度格局的影响力已经渗透到政治、经济、社会、文化等方面,且互相牵动、掣肘,本研究称之为制度的"累积效应"(accumulative effect)。如图 12-1 所示,在新古典主义经济学所设定的改革路径中,在不考虑交易费用以及其他成本的条件下,改革的边际成本曲线 MC 随着时间的变化而不变,而边际收益曲线 MR 则是随着时间变化而向右移动,t_1 期、t_2 期、t_3 期的均衡点分别在 m_1、m_2、m_3。新古典主义的改革逻辑难以描述和指导具体的改革方案。这种积累性效应,一方面,存在路径依赖的问题。在长期的局部性、短期性的改革实践中,每一种改革方案的替代,都会有前期改革的制度惯性(依赖)转化为替代成本,在探索性的制度变迁中,这种积累性的替代成本往往是很高的,所以改革的路径不会如图 12-1 所示,是一种平滑的演进。另一方面,存在政策稀释的问题。在不断的制度、政策的调整中,预期设定的政策目标,在复杂的现实情境中,新政策的设施会有相应的"抵制",其效果会被稀释。所以重新梳理改革的逻辑,从摸着石头过河的局部性探索,过渡到顶层设计成为必要。顶层设计所要解决的是局部效应的政策替代成本以及政策稀释的问题。改革需要鞭辟入里,抽丝剥茧,而不能停留在浅层或是表象上的"补偿"。

---

① 孔祥智. 城乡差距是怎样形成的——改革开放以来农民对工业化、城镇化的贡献研究[J]. 世界农业,2016(1).

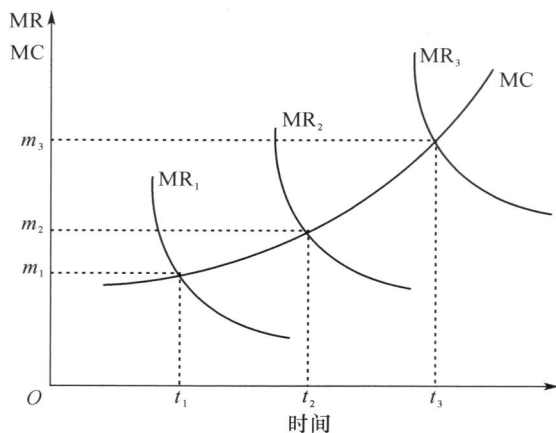

图 12-1　新古典主义经济学的改革路径

三、发展权缺失：从政策视域到农民视域

就宏观政策体系所存在的问题与困境，要梳理这些复杂的公共政策，其逻辑的基点何在？这是值得深入研究，也是必须深入研究的问题。回归微观领域，在"为了谁、依靠谁"的发展逻辑中，农民的"发展权"可以作为公共政策体系的统合逻辑，从一种外在的福利指标转向内在的发展需求。深入研究发现，对于农民个体来说，表象上是一种社会福利的低水平，而从长期的发展角度上来审视则是"发展权"的缺失。发展权的缺失，主要表现为一种能力性的缺失与权利性的缺失。

1. 能力性缺失

能力性缺失即是在市场的公平竞争机制中，农民缺少对等的参与市场竞争的能力。这主要包括两个方面：一是人力资本的障碍。由于城乡教育资源的不均等，农村的教育水平要低于城市，导致农民在人力资本积累上相对要差于城市居民。以学历为例，如图 12-2 所示，农民主体的学历集中在初中水平，2010 年，不识字或识字很少的群体大约占到 6％，而大专及以上学历也仅占到 2％。另一方面，同样是初中学历，城乡教学质量的差异，也导致在知识应用能力等方面的差异。二是社会资本的障碍。在相对封闭的农村社会空间中,农民的主要社会关系是以血缘、地缘为主的"强关系网络",而与村域(乡域)以外的"弱关系网络"的关联度相对不强,农民相对闭塞的社交圈不利于其进行创业①,影响收入水平②、生活质量③等。

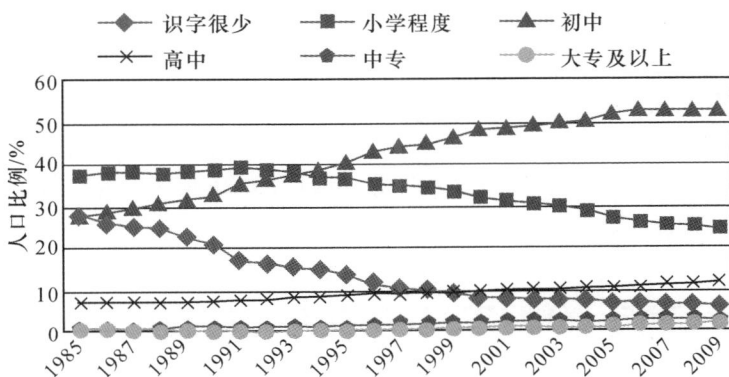

图 11-2　农村居民受教育情况

注:数据来源于《中国农村住户调查年鉴(2010)》

　　能力性缺失还可以指向更为深入的议题。森的"可行能力"将福利视为针对人所珍视的生活(价值)——个人的能力去采取有价值的行动和达到生命中有价值的状态④。借鉴于森的这一概念,能力缺失可以包括:一是由于教育、文化氛围等缺失,部分农民对于有价值的生活的追求是有缺失的,所以在获得土地拆迁补偿之后,存在一夜暴富、迅速转贫的问题;二是由于供给的政府主导,农民所获得的资源并不能够满足其实现其所珍视的生活的需要,这个也涉及相对贫困的概念,农民(家庭)对于某些资源的偏好是完全不同的。

---

　　① 陈昭玖,朱红根. 人力资本、社会资本与农民工返乡创业政府支持的可获性研究——基于江西 1145 份调查数据[J]. 农业经济问题,2011,32(5).

　　② 唐为,陆云航. 社会资本影响农民收入水平吗——基于关系网络、信任与和谐视角的实证分析[J]. 经济学家,2011(9).

　　③ 侯志阳. 社会资本与农民的生活质量研究[J]. 华侨大学学报(哲学社会科学版),2010(3).

　　④ 阿玛蒂亚·森. 以自由看待发展[M]. 北京:中国人民大学出版社,2002.

2.权利性缺失

户籍身份的差别待遇导致了农村导入城镇公共资源的壁垒，当前的户籍制度改革要弥合这一长期制度二元所造成的权利缺失，在很大程度上难以用单一的政策解决，需要系统性的设计。城乡分割中的农村集体产权权益不能对等享有城镇（国有）产权的权益，产权的认知缺损成为一种很大的障碍。在国家层面的《土地法》中，对于宅基地，农民只享有其居住权的置换，对于农地，则是依据其产值（产业收益）以及劳动力安置而获得补偿，农民并不享有作为产权增值部分的收益。增值部分的分配，由政府再通过相应的机制惠泽于农民。

第二节　分配正义：从福利分配到权利分配的城乡统筹伦理转向

发展权缺失会导致公共政策所设定的目标与预期效果之间的背离，这就需要有一种政策性的转向。这种政策设定的逻辑背后隐含着一种基于"发展权"的分配正义观。Fleischacker 在其《分配正义简史》一书中界定：分配正义又称为"社会正义"，或是"经济正义"，所要解答的问题是一个社会或者组织如何在具有竞争性需求与权益要求（claim）的个体之间分配稀缺（scarce）资源或产品[①]。本研究所指的分配正义是嵌入在制度二元结构中的农民权益的分配机制，与一般意义上的分配正义略有不同。本研究所指的分配正义主要指的是农民在城乡统筹中所获得收益（福利）以及这种收益（福利）机制中的正义问题。

一、统筹形式：福利统筹与权利统筹

回顾城乡统筹的进程可以看出，其内在的形式还是基于结果公平的福利统筹。城乡统筹的目标是缩小城乡之间的差距，协调城乡之间的关系，而

---

① Fleischacker S. A Short History of Distributive Justice[M]. Boston：Harvard University Press，2004.

隐含其间的"道义"在于对于农村领域进行"以城带乡、以工促农"式的反哺①。其后,城乡统筹被城乡一体替代。这种语境的转换,说明对于城乡关系的紧密性有了新的认识。在城乡统筹、城乡一体的研究中,主要关注于城镇资源、财政资源等向农村区域倾斜,更为具体地聚焦于公共服务的均等化②——在政策目标上,农民享有与城镇同等的公共服务;在政策举措上,推进公共建设项目,公共服务向农村延伸。即便是城乡一体的本身,其着力点还是在表象上的福利指标体系,而这些指标存量与现实的农民导入(accessibility)之间是有差距的。公共品(服务)的实际供给效率如何是需要在具体的场景中进行考察的,而有一部分的公共品供给沦为劳民伤财的"形象工程""政绩工程"。毋庸置疑,城乡统筹对于推动农村的发展起到了极为重要的作用。但我们所要看到的是,城乡统筹(一体)更为注重结果性的"福利"均等化,其往往是低效的,甚至是无效的,有许多的公共福利被损失掉了。

城乡统筹(一体)策略的调整势在必行,除了要拓展要素、资源输入农村之外,还要从农民发展的内源性要求出发,让农民以自身的集体产权权利来对接外部资源、资本的输入,在农村的场域中实现产权的权益。让农民有更多的选择权、话语权以及持续的发展权,这个是城乡统筹新趋势的重要议题。某些公共政策目标与效果之间的背离(异化),究其原因是其所设定的政策目标往往是以福利均等化作为导向的,供给方式又是以行政的内部化供给为主,缺少以农民作为主体性的协商、议价、参与的过程。以城乡统筹中的工商资本下乡为例,政策的出发点或者说预设是好的,但若没有一种相应的权利机制,一方面这种资本与农村集体产权的合作难以实现,另一方面则会出现一系列农民产权权益的侵害问题。大农、资本、部门各自利用自身优势资源进行联合,而小农的利益受到盘剥,出现与制度目标截然不同的

---

　　① 　陈锡文. 实践"以工促农、以城带乡"的一次全面部署——解读中央农村工作会议精神[J]. 宏观经济研究,2005(2).

　　② 　江明融. 公共服务均等化问题研究[D]. 厦门:厦门大学,2007.

异化现象①，其主要原因在于农民能力与权利的缺失而导致政策设定的理想目标难以实现。

二、配悖论：政府配置与市场获得

以政府为主导的城乡统筹，其着力点在于解决城乡公共（社会）福利的均等化问题，中央层面要所设定的公共服务均等化，而地方政府要完成这一目标，则资金大部分来源于地方政府的财政收入。借力于城镇化的推进，农村集体土地的征用与出让的差价成为地方政府的主要财源，继而用这些财力直接投入或撬动社会资源来改善农村的社会福利。这中间有一种"悖论"：要完成更多的农村公共品供给就要有更多的公共财源，而这种公共品的达成则某种程度上抽离了农村的资源（事实上这种农村集体土地的政府剩余只有较少的部分用于鼓励农村发展和改善农村）。叶林等对全国 286 个地级市在 1999—2009 年间面板数据的分析发现，土地财政对土地城市化有驱动作用，而其中的动机就是通过集体土地的征收获得其中的差价而积累规模巨大的土地出让金收入。政府成为资源配置、福利分配的主导力量。②

基于权利的视角，权与益是有关联的，有多少的权利赋予就有多少的收益。所以可以转化一下思路，让农民获得更多的权益分配，继而由农民向外部市场购买相应的公共服务。这种机制，从发展的伦理来说，更为清晰地突出了以人文本、以农民为主体的价值观与农民权利的平等地位，从供给的效率上说，则可以避免偏好识别的扭曲与部分地方政府的自利行为取向所导致的权益侵害。换一个角度来考虑，还有两方面的优势：一是避免政府大包大揽的福利刚性困境。福利的棘轮效应导致地方政府在公共财政上的投入依赖越来越大，内部化的供给导致政府的规模扩大，增收的压力也是越来越

---

　　① 冯小. 农民专业合作社制度异化的乡土逻辑——以"合作社包装下乡资本"为例[J]. 中国农村观察，2014（2）；陆文荣，卢汉龙. 部门下乡、资本下乡与农户再合作——基于村社自主性的视角[J]. 中国农村观察，2013（2）；仝志辉，温铁军. 资本和部门下乡与小农户经济的组织化道路——兼对专业合作社道路提出质疑[J]. 开放时代，2009（4）；长子中. 资本下乡需防止"公司替代农户"[J]. 红旗文稿，2012（4）.

　　② 叶林，吴木銮，高颖玲. 土地财政与城市扩张：实证证据及对策研究[J]. 经济社会体制比较，2016（2）.

大。二是市场获得机制，可以培养农民的主体地位，促成农村自治、协商民主的发展，强化其集体产权以及集体经济的经营意愿与经营能力。这即是"取之于民，用之于民"与"藏富于民"之间的均衡问题。

三、分配正义：由"福利正义"转向"权利正义"

基于正义原则的补偿机制，可以将其简单地分为结果的正义补偿与起点的正义补偿。在现有的补偿机制中，倾向于对于结果性的福利水平进行补偿，而不是对起点性的权利鸿沟（divide）进行补偿。从分配正义的原则来说，权利分配要优先于福利分配。基于"结果分配正义（补偿逻辑）"的"福利模式"，以村集体（农民）的福利要求为核心，中央政府通过对地方政府施加行政命令（行政传导），或是由地方政府自主供给来改善福利（见图12-3左边）。这种福利正义模式，往往主动权在政府层面，而从表象上看，这是一种基于"公共善"的"给予"，而事实上这种福利权的基础还是农村领域的土地剪刀差。基于"起点分配正义（自主逻辑）"的"权利模式"，则是由中央政府赋权于民，而村集体（农民）具备对于集体产权的"完整权利"，而在与地方政府以及市场的对等（公平）协商中获得产权权益（见图12-3右边）。这里还包括了一种发展的价值观念的转化，即凸显了农民的主体地位。

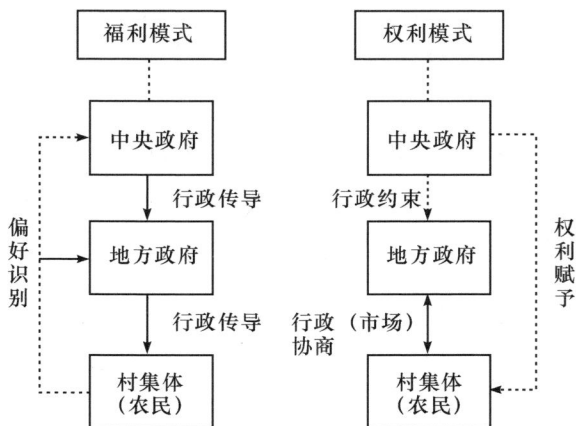

图 12-3　城乡统筹中的福利模式与权利模式

第三节　统筹模型：基于分配正义的治理结构调整

一、基本模型：双层互动演化博弈模型

在行政主导的国家治理体系中，城乡嵌入在中央、省、市、县、村、农民的行政传导链上，有些地区实行省管县的体制，则在财政体制上跳过了市一级。本研究为了简单起见，将这个结构简化为三级——中央政府、地方政府、村集体（农民），具体的结构见图 12-3 左边。在这个传导过程中是存在效率损失的。① 在这个结构中，中央政府并不直接与村集体（农民）发生关系，间接就村集体（农民）对于地方政府提出相应的行政（治理）要求，而由地方政府具体实行中央政府的行政命令（同时地方政府为了追求政绩，或是带有伦理考量，也会设定一些地方性自主创新的惠民举措）。所在三级结构中，直接发生关系的是两层，即是中央政府与地方政府为一层，地方政府与村集体（农民）为一层。

假定 x_1、x_2、x_3 是 3 个博弈策略，分别属于 3 个策略空间 X_1、X_2、X_3，即 $x_1 \in X_1$，$x_2 \in X_2$，$x_3 \in X_3$。则第一层：中央政府与地方政府的策略组合为 $\{x_1, x_2\}$；第二层：地方政府与村集体（农民）的策略组合为 $\{x_2, x_3\}$。具体的博弈函数、效用（收益）、均衡结果函数，见表 12-1。

表 12-1　双层互动博弈演化模型的基本函数

层级	博弈函数	效用（收益）函数	均衡结果
中央政府	$g_1 = f(x_1, x_2)$	$U_1 = U_1(A)$	$S_1 = \max f(x_1, x_2^*)$
地方政府	$g_2 = f(x_1, x_2, x_3)$	$U_2 = U_2(B)$	$S_2 = \max f(x_1^*, x_2, x_3^*)$
村集体（农民）	$g_3 = f(x_2, x_3)$	$U_3 = U_3(C)$	$S_3 = \max f(x_2^*, x_3)$

假定策略选择的映射函数为：$x_1 = x_1(x_2, x_3)$，$x_2 = x_2(x_1, x_3)$，即 x_1 是关于 x_2 和 x_3 的函数——中央政府的策略选择受到地方政府以及村集体

① 郑毓盛，李崇高. 中国地方分割的效率损失[J]. 中国社会科学，2003(1).

(农民)两者的影响,x_2 是关于 x_1 和 x_3 的函数——地方政府的策略选择受到中央政府以及村集体(农民)两者的影响,则将三方—两层的"策略选择"(strategy choice)函数表达如下。

第一层(宏观)博弈:中央与地方政府的博弈

$$P(x_1) = \{x_1 : f_1[x_1(x_2,x_3),x_2(x_1,x_3)^*]\}$$
$$= \max\{f_1[x_1(x_2,x_3),x_2(x_1,x_3)^*]\}$$

中央政府根据从地方政府以及村集体(农民)处获得(反馈)的信息来确定其自身的策略方案,这些信息包括农民的需求(政策偏好)、地方政府的自利倾向程度(行政约束)等。

第二层(微观)博弈:地方政府与村集体(农民)的博弈

$$P(x_2) = \{x_2 : f_2[x_1(x_2,x_3)^*,x_2(x_1,x_3)]\}$$
$$= \max\{f_2[x_1(x_2,x_3)^*,x_2(x_1,x_3)]\}$$

地方政府根据获得的中央政府、村集体(农民)有关政策信息来选择自身的策略方案,其策略会根据中央政府的行政约束以及区域的实际情况进行选择。

第一层与第二层是互相影响的,即第二层的微观结果会被第一层的中央政府识别,根据微观层的结果进行调整,影响中央政府对于第一层的策略选择,继而中央政府的策略调整又影响第二层的策略选择。假定 f_1、f_2 为一个博弈的连续函数,则在信息完全且完全监控的情况下,存在一种策略状态 t,有

$U_1^t > U_1^{x_1(x_2,x_3)}$ 且 $U_2^t > U_2^{x_2(x_1,x_3)}$,则
$$f_1(x_1^t,x_2^t) > f_1(x_1^t,x_2) = f_1[x_1^t(x_2,x_3),x_2(x_1,x_3)] \tag{1}$$
$U_2^t > U_2^{x_2(x_1,x_3)}$,且 $U_3^t > U_3^{x_3(x_1,x_2)}$,则
$$f_2(x_1^t,x_2^t) > f_2(x_1,x_2^t) = f_1[x_1(x_2,x_3),x_2^t(x_1,x_3)] \tag{2}$$

如果式(1)或式(2)成立,我们称 t 状态为演化稳定策略(evolutionarily stable strategy,简称 ESS),如果(1)或者(2)同时成立,即博弈各方都选择策略状态 t,这个博弈演化稳定均衡(evolutionarily stable equilibrium)[①]。

在双层互动演化博弈中,制度的变迁,即原来的策略状态 t 的变化,由

---

① 靳涛. 双层次互动进化博弈制度变迁模型——对中国经济制度渐进式变迁的解释[J]. 经济评论,2003(3).

两个方面构成①：一是中央政府的"选择"；二是村集体（农民）的"突变"。这两者之间是互相影响的。村集体（农民）在地方政府允许的范围内进行"突变"——也可以视其为一种试点工作（自主性的尝试），中央政府根据这种"突变"的结果而进行相应的制度调整（"选择"）。双层互动演化博弈模型的理想状态，是村集体（农民）的"突变"被中央政府"选择"（当然这种"突变"也可能不被许可，则该制度被终止），或者由中央政府"选择"而村集体（农民）"接受"（也存在一种中央政府的"选择"不被地方政府执行或者完全执行而导致农民反对，则该制度也会被终止）作为制度变迁的主要原因。t 的均衡点在于，这个策略状态大家都能够接受，且符合各自效应的最大化（实际上是基于各自的满意状态）。

二、分配正义的福利模式：效率损失与边界模糊

这里所述的情况，基本上是以地方政府通过集体土地产权收益的政府集中而开展农村公共品供给，间接提升农民福利的模式。在信息不完全且权利不对等的情况下，村集体（农民）的需求通过政治（行政）渠道而被识别，这种识别的过程，存在三方面的问题：一是农民偏好信息传递的失真（偏好显示偏差）与耗损（偏好显示不完全）的问题。二是地方政府的"经济人"倾向，出现两种情况：（1）对于中央政府的行政命令以最低限度实现；（2）将财力、人力投入能在最短时期内出政绩的项目，导致惠民项目资源浪费严重而实际收效甚微。三是农民并不知悉其权利边界，只能被动地接受公共服务（产品）。假定村集体（农民）的效用为

$$U_{3e} = Cp_e^{x_3} \leqslant C(p_{i+1} - p_i)^{x_3}$$

式中：C 是村集体（农民）所预期的基准效用（常数），也可以视其为一个福利水平的经验常数；p_e 是用来衡量在策略 x_3（某项改革）之后的预期福利水平，而这个福利水平受限于地方政府所允许的制度变迁范围（$p_{i+1} - p_i$）。

村集体（农民）的决策期望收益为

$$U_{3e}^* = \max U_{3e} = \max Cp_e^{x_3} \leqslant C(p_{i+1} - p_i)^{x_3}$$

在信息不对称的情况下，农民的福利供给由行政逐级传导或是地方政

---

① 靳涛. 双层次互动进化博弈制度变迁模型——对中国经济制度渐进式变迁的解释[J]. 经济评论，2003(3).

府的自主创新来实现,村集体(农民)只能被动地接受福利(公共品供给)政策,所以对于农民来说,其期望只能是通过某个前期的经验值进行当期的预期。一般情况下,只要效用有所提高(哪怕幅度很小),即 $\Delta U_{3e}=U_{3e}^{t+1}-U_{3e}^{t}=\tau>0$,在政策策略确定的情况下,即实现村集体(农民)收益期望纳什均衡。而其实这些改善福利的资金很大部分来自农村集体土地的增值部分。

这个村集体(农民)的效用假定也适用于农村集体土地的征用情况。农民追求 $U_{3e}=Cp_{e}{}^{x_3}\leqslant C(p_{i+1}-p_i)^{x_3}$ 在地方政府的政策范围内的最大化(满意状态)。一方面,部分的农民基于政策的横向区域间的比较,以不差于周边区域的 $\Delta U_{3e}=\tau>0$ 为达到效用期望的满意值。反过来说,也正是这种政策所设定的产权权益边界的模糊性,导致农民所期待的 $\max\Delta U_{3e}=\max(U_{3e}^{t+1}-U_{3e}^{t})=\tau$ 的上限不明确而出现乡镇干部所谓的"敲竹杠"现象:农民在农村集体土地(耕地、宅基地)征用的"议价"过程中,锱铢必较、软磨硬泡,期待更高的补偿金额。地方政府在实际的政策执行中,也采用一些议价策略,如对于在设定期限内签订合同的家庭予以奖励等,以及使用一些社群互动性的工作技巧来解决这个问题。

三、权利模式:中央政府赋权的双方单层博弈

政府主导的分配正义的福利模式的主要公共政策的核心是以政府为主体,利用农村集体土地资源收益的政府集聚而将其转化为福利资源。而农村集体产权制度改革,即是福利模式的一种转向——以农村集体产权"权利—收益"关系的调整来实现村集体(农民)的福利提升。这个类似于,由原来的集体产权收益二次分配(政府集聚后分配)转向集体产权权益的一次分配(政府制定规则,农民在市场中实现产权权益)。

如图 12-3 右边所示,分配正义的权利模式是以中央政府的赋权为主导的,即政府的主要责任是提供相应的规则:一方面是赋予农村集体产权较为完整的权能;另一方面是赋予农村集体产权于地方政府(公益性)、市场(非公益性)的对等议价权(协商)。由此,上文的双层结构,就变为双方单层博弈:

$$P(x_1)=\{x_1:\gamma\} \tag{1}$$

$$P(x_2)=\{x_2:f_2[\gamma,x_2(\gamma,x_3)]\}=\max\{f_2[\gamma,x_2(\gamma,x_3)]\} \tag{2}$$

第一层的博弈没有了,转化为第二层的议价(协商)。但是中央政府对

于第二层的影响主要是赋权程度（水平）γ，第二层变为如公式（2）所示的博弈。就村集体（农民）效用来说，有

$$U_{3e} = C' p_e^{x_3} = C'(p_{i+1} - p_i)^{x_3} = C'\gamma\rho$$

在赋权的情况下，村集体（农民）知道个体的权利边界，假定在完全信息、完全控制的情况下，农民的期望水平与地方政府的政策允许范围之间是对等的，即 $p_e^{x_3} = (p_{i+1} - p_i)^{x_3}$，而事实上，完全信息与完全控制是不存在的。所以我们设定 $U_{3e} = C'\gamma\rho$，其中

（1）控制边界（control frontier）：中央政府实际的赋权水平 $\gamma(0<\gamma\leqslant 1)$ 也可以被视为一种对于地方政府的约束因子，即中央政府可以按照设定的标准切实保障村集体（农民）的权益；

（2）信息边界（information frontier）：信息不完全的噪声系数 $\rho(0<\rho\leqslant 1)$，即在赋权的情况下，村集体（农民）也并不完全清楚自身产权的真正边界。

而理想的情况是 $\rho=\gamma=1$，此时，有

$$U_{3e}^* = \max C' p_e^{x_3} = \max C'\gamma\rho \approx C'$$

分配正义的权利模型，相比较于福利模型来说，主动权在于村集体（农民），让农民具备平等的议价（协商）权，如集体"土地入市"可以视为分配正义权利模型的一种制度安排。分配正义的权利模式是农村集体产权改革"公共伦理"的重要内容之一，如果依然是以政府主导的福利模式作为城乡统筹的基本伦理而没有转向分配正义的权利模式，则村集体（农民）的主体地位没有办法建立，其只是被动地接受福利"赐予"，村级治理中的行政化倾向将会加剧，难以建构起基于集体协商的发展伦理（道义经济），而将矛盾的焦点集聚到政府身上。农村集体产权制度改革所需要的村集体共享的"发展伦理"，在宏观的政府主导的城镇化政策以及过度的村域行政化的影响之下而被弱化，甚至异化为一种形式化的村级决策民主，从而导致改革难以达到预期的目标。所以，在分配正义观的引导之下，所要建构的是从农民权利的起点上进行设定，进而形成一种基于产权权益的合理分配机制。

第四节　结论与建议

顶层设计要包括公共（发展）伦理的向度。对于公共政策制定过程中的

伦理分析,应该成为公共政策分析的重要内容。伦理的异化或者扭曲,往往导致整个公共政策失效或失败。当然伦理问题也是一个历史性的议题,在不同的社会情境下,伦理的意涵与内容也是不同的。正义作为公共伦理的重要价值,其供给本身也是一种公共品。正义的供给是需要有一种社会性的价值共识的,所以公共政策的制定需要一个社会参与性的公共论域,对于政策的伦理性问题进行社会性的讨论。从摸着石头过河到顶层设计的转向,顶层设计的核心基点并不应该只指向技术层面的科学性、系统性,而应该涵括公共伦理、发展伦理的内容。只有契合于社会价值共识的政策,才能够保持其持续性的效应。

应以个体权利正义的微观视角来统筹公共政策体系以及治理结构。宏观政策体系需要一个系统的伦理观作为其内在的逻辑支撑。政府主导的福利分配机制,其主导权在政府,所以以某种宏观的指标体系作为其评定的标准。而权利正义则是以一种互动的市场化议价价值作为其内在支撑的。政府是规则的制定者,而要减少其在具体领域中的直接介入,这种规则性的动态议价机制,相比于内容式的静态供给机制来说,技术上更加容易设定。治理结构的调整也是如此,一旦权利模式确立,政府的主体工作是赋权、维权,而将许多的场景移置于市场,于是公共品的直接供给规模也就变小了,这种治理结构层级化、职能细化的问题就可以得到解决。

基于权利正义的分配模式的效用是多元的。观察当前城乡统筹的发展伦理,其福利指向的出发点是好的,但是在以农民为主体地位的培育上相对是有所欠缺的。甚至在推进城镇化的过程中,部分地方所探索的村级管理行政化模式,某种程度上削弱了村级的自治,在大包大揽、图省事的福利均等化模式中,公共财政的介入边界越来越宽泛。地方政府的边界拓展,有其好处,即可以更好地服务于农村、农民,但是有其潜在问题,如可能侵损农民的权益,弱化农民的自主、自治意识。福利均等化,某种程度上是一种给予式,而不是协商式。本研究所提出的权利分配的正义模式所隐含的价值维度是多元的,首先是确保农民的发展权益,使其获得其赢得的权益,这是基本面。同时,还有一个重要的议题,即如何在赋予之后,依靠市场化、协商化的具体场景来培育农民的主体意识、合作意识以及相应的能力,而避免一种政绩性的异化。

建议:一是建立基于发展伦理的城乡统筹顶层设计,对于区域性的试点经验进行相应的普适性检验以及全局性考察,避免局部试点经验的政绩性推广,以社会的价值共识来设定顶层设计的深层逻辑;二是以中央政府的赋权、维权来保证农民在行政与市场机制中的自主选择权以及议价权,应该以权利来提升福利,强化权利正义的主导性;三是建构公共政策制定中的社会论域,引导农民参与公共政策制定的过程,以及强化公共政策制定中的社会性讨论,社会价值共识的达成、社会主义公平正义的供给本身也是公共品供给的重要内容。

附　录

附录一　新居民与地方政府管理创新综述

中国社会科学院 2007 年《人口与劳动绿皮书》指出,从总量上看,农村劳动力仍然是过剩的,但从结构上看,熟练劳动力已经出现全面供不应求的现象。在劳动力无限供给的阶段,劳动力的供给远远大于需求,导致劳动者的许多权益不能够得到保障,而当劳动力的供给处在短缺的时期,企业为保住熟练的劳动者,在其工资、福利方面要有所提高。随着国内劳动力市场逐渐完善,劳动者会更加理性地选择就业,企业也会转变其用工方式。发达地区的劳动力长期靠区域外输入,而随着社会经济的进一步发展,其对熟练劳动力的需求将不断增加。一方面,在新的供求形势下,发达地区的政府从区域发展出发,要考虑新的管理理念与管理方式;另一方面,区域内人口流入数量的不断增加,有些地区流入人口已经超过了本地居民的数量,人口流动的结构也日显复杂,面对这样的形势,地方政府应寻求新的管理突破点。

第一节　“新居民”概念的提出与管理变迁

“新居民”之前有诸多的代名词。“外地人”“外来工”“外来务工人员”等称谓是城乡、区域发展不协调的产物,一定程度上带有发达地区及城市居民对区域外流入人口的歧视。“农民工”“民工”,原意指身份是农民,而在农闲季节从事非农工作的人群。随着农民从农业生产中完全脱离出来,成为全职的非农工人,这种带着城乡二元结构烙印的称谓已经不适用了。“新移民”“新××人”的称呼,已经开始注重空间转换后的社会融合,但还没有涉及深层次的权利、利益格局的调整。诸多称谓的变化,体现着政府的管理理念、政策定位的转化,即从打击防范到管理服务,再到和谐共享这样递进的发展。对于“流动人口”(“暂住人口”)管理的重心在于计划生育和社会治安的综合治理;针对“外来人口”及其相关的名称,其管理的指向侧重于对流入人口的防范、控制，是以治安管理为其工作重点的；"农民工""外来务工人员"及其相关称谓，是以维护权益为其导向的；"新移民"的称呼则更加深入些，带有一定程度的社会融合、文化融合的取向。

随着和谐社会建设目标与户籍改革的逐渐推进，"新居民"将会成为最合适的名称。从狭义来看，"居民"这个称呼可以被视为一种法律意义上的概念，即在法律框架下，所有居民应享有平等的权利；从广义来看，其还应包含一种社会化的机制，即居民个体及群体间的相互尊重与认同。总的来说，"居民"意指一种身份，即指在一定区域内享有同等的政治、经济、文化、社会权利的群体。从静态来看，"新"，指新居民空间转移后所呈现的新特征，即新居民与原住民有着不同的生存和发展形态；从动态来看，"新"，指"更新"，新居民与流入地社会存在一个逐渐适应、融合的过程，即新居民由原本的形态特征转化为与流入地社会相融合的新形态。"新居民"从字面来看，隐含了"居民权"（法律下的平等权利、社会认同与融合）的获取与赋予含义。新居民对于居民权有强烈诉求，地方政府需满足新居民的这种需求。地方政府需要设立一定的准入条件，以平衡人口流入与区域发展之间的协调关系。就业机会与工资水平差异是人口在区域间流动的主要因素。对流入地而言，区域的经济社会发展需要新居民的流入以补充其劳动力的不足，调节人力资源的结构性短缺；对新居民而言，其需要在流入地寻求自身的生存与发展。如果把准入条件置于这种劳动力供求的背景下来考察，我们可以把新居民定义为：在区域发展过程中，由区域外流入、为（或将为）区域经济社会发展做出贡献并寻求区域内融合的人。

这一定义中，以区域内的有效劳动力（包括潜在劳动力）作为主要的对象，以"融合"作为地方政府管理创新的主要立足点。"融合"应该包括经济、社会、文化三个方面。新居民应该包括区域外流入的务工人员、专业人才（教师、医生、管理人才、技术专家）、投资者等。在多数的研究中，新居民仅指务工人员，本研究将后二者列入其内的意义在于：一是居民权的一视同仁性，既然三类人都是区域发展所需，在其基本权利保障上应该体现公平；二是对于人才、投资者的文化融合上还存在着许多方面的不足。

第二节　地方政府的管理责任与理念创新

地方政府的新居民管理很多是被动的，是在上级政府的行政命令基础上进行适当的创新，而未能对区域管理现状进行全面的审视，进而系统地定位地方政府的管理职责所在。在新居民管理过程中主要存在三个方面的利益博弈。

一是原住民（企业）与新居民之间的利益关系。这些年，原住民对于新居民的看法已经有所改观，但一定程度上原住民还是把新居民设定为"有害的"。这种认定来自两个方面：一方面是新居民的流入，可能造成该地区就业机会减少、工资水平下降，同时还带来交通、环境、治安方面的压力；另一方面是，在地区财政收入既定的前提下，新居民的共享会造成原住民利益的损害。对于企业而言，赋予新居民与原住民同等的权利，则要提高工资水平，提供社会福利，这会造成劳动力成本上升。原住民与企业一般希望对于新居民实行差别对待。

二是地方领导干部政绩考核与新居民权益的利益关系。新居民在流入地缺乏话语表达权，在政策制定过程中的影响力弱，几乎是被动地接受流入地的管理政策。新居民的评议权未被纳入（或仅局限在很小的范围内）领导干部的政绩考核体系之中，且考核体系中新居民管理所占的权重也较小。因此，领导干部在政策制定过程中会选择短期的低投入来获取短期的高产出，即以最低限度保证新居民的权益以完成政绩考核中的相关权值。于是，利益关系会使新居民管理政策缺少一种长效机制，也极易成为一种形象工程。

三是地方政府与中央政府的利益关系。从根本上而言，中央与地方之间的利益是一致的，但在新居民的管理上，中央政府坚持以人为本、社会和谐的执政理念，立足于全国范围内的利益平衡，要求全面保证新居民的权益，而地方政府则主要考虑平衡区域内的利益主体，更倾向于保证拥有选举权的原住民的利益，在新居民政策上，一般只求完成中央政府的基本任务指标，不愿意投入太多。

有关利益机制，我们要借助于以下两个方面来寻求答案。

一是新居民对所在地的贡献。新居民的贡献主要在于经济发展、社会发展、文化发展三个方面。从经济发展而言，新居民的流入带来了经济发展所需的资本、技术、劳动力，同时也促进了区域内的消费；从社会发展而言，医院、学校、政府部门引入的专业人才弥补了区域内人才结构的短缺，扩大了人才的规模；从文化发展而言，新居民的流入影响了原住民的思想观念与生活习俗，能促进文化形态的重塑，增强区域发展的活力，激发区域发展创造力，使区域文化朝着开放、多元的方向发展。

二是社会排斥的潜在危险。社会排斥包括观念与行为两个方面，行为的排斥一般比较容易看到，而观念的排斥则是隐性的。从政府的管理理念而言，地方政府一般把新居民与原住民当作两个不同的群体，在原住民的管理中显得更加主动，而在新居民的管理上则只是根据某些突发性的事件进行被动的防范式管理。这种差别极容易造成某些管理的真空：对于新居民群体的真实状况很难深入地了解，如其内部自我管理的机制；与新居民群体的沟通渠道、沟通机制缺失，面对某些管理问题，其解决的途径也显得单一；在管理的模式上多以防范、打击为主，以尽量避免新居民对原住民及流入地造成损害。管理的真空会加大管理的难度（新居民对于流入地政府难以产生认同感、信任感，而采用反对、对抗的态度来应对管理政策），增加管理的成本（原本对新居民的这种管理模式旨在降低成本，而实际上一旦管理效率与效果降低，成本会增加）。新居民与原住民群体之间的融合渠道缺失。新居民通过地缘、业缘、血缘而聚居是很普遍的，尤以地缘性聚居为主，其社会空间仅仅局限在新居民群体的圈子之中，与原住民及流入地社会的接触极少。调查发现，许多新居民的刑事案件中，除侵财型案件之外，由原住民对新居民的歧视性的语言、行为所导致的伤害、谋杀案件也很多。原住民与新居民群体之间的暴力冲突、暴力对抗，乃至新居民与某些政府执法人员之间的暴力对抗，在一定范围内有上升的迹象。社会排斥会造成流入地社会的动荡与混乱，危害原住民的生活。因此，围堵的方式不能够解决问题，只有通过疏浚的方式，建立平等的管理机制，以使新居民融入本地社会之中，才是切实可行的办法。

基于这两个方面，地方政府的管理理念要进行全面创新，树立新的责任观与责任意识。从贡献的角度而言，地方政府应该持有"共建共享"的管理理念，即新居民参与了地区的建设，为地区的发展做出了贡献，应该让他们享受基本的居民待遇。从社会融合的角度而言，要树立"共生共荣"的管理理念，即大家以和谐的方式生活在同一片蓝天下，以共同的目标来追求地区的繁荣与昌盛。

第三节　新居民的融合障碍与政策创新

随着新居民流动的结构的日渐复杂、规模的日益增大，新居民群体的追求目标也在发生转化。国务院研究室《中国农民工调查报告(2006)》指出了农民工所发生的三大变化：由亦农亦工向全职非农转变，由城乡流动向融入城市转变，由谋求生存向追求平等转变。新居民的这种诉求，符合马斯洛的需求理论，我们可以简单把其概括为经济、社会、文化三个方面。在调研中我们发现，新居民中的人才对于文化融合有着极强的愿望。虽然新居民表现出了强烈的融合意愿，但在经济、社会与文化三个方面存在着融合的障碍。地方政府需要从这三个方面着手，通过政策创新来解决这三方面的问题。经济融合是要解决新居民的生存问题，主要是"就业和作为个体的生活所需"，包括就业培训、就业中介、就业维权及居住等基本的生活所需等方面，其主要的作用在于将新流入的劳动力转化为促进地区经济社会发展的有效劳动力，并保障其基本的权益与生活所需。社会融合是要解决新居民的发展问题，主要包括社会保障、公共品共享与政治(社会)参与等三个方面，其目的在于使部分有定居意愿的新居民能够在其转化为有效劳动力之后能较长时期地(或长期)服务于流入地社会，并在流入地社会获得多方面的发展，保持新居民与流入地社会的良好互动。文化融合是要解决一个本土化的问题，主要包括新居民对流入地的生活方式、交往方式及流入地历史文化的认同，同时文化融合还是一个互动机制，原住民也应认同新居民的文化方式，其目标在于促进多元文化的并存、交流与融合。

具体政策创新可以包括以下几个方面。

一、经济融合政策：就业与基本生活保障政策

新居民中多数是务工人员，其最关心的是就业问题，而引进人才同样也关心就业问题。对于地方政府而言，建立有序、统一的劳动力市场是其工作的重点之一。新居民就业政策的制定应该是与劳动力市场的培育与完善相同步的。地方政府通过就业政策的制定，把流入人口转化为有效劳动力，并

促进其在区域内的自由流动，使其能更好地服务于地区的经济社会发展，进而通过劳动力市场的市场性调节与政府的合理引导，来优化地区的劳动力结构。

就业政策应该主要包括职业培训、职业中介和就业维权三个方面。新居民的职业培训才刚刚起步，各地区在这方面的投入不是很大，而就发展的趋势来看，职业培训显得尤为重要，通过培训可以提高劳动效率，增加单位产出。关于职业中介，要成立免费（或低收费）的职业中介机构，以促进供求双方的信息沟通，形成有效的劳动力市场，确保有效劳动力在市场上的高效配置。新居民在用工合同、劳动时间、劳动报酬、工伤等方面极容易受到侵害，应加大各职能部门间的协作来促进就业维权。

基本的生活保障政策主要包括企业提供的宿舍或租房补贴及政府方面提供的廉租房服务等。

二、社会融合政策：社会保障、公共品共享与政治（社会）参与

社会融合主要是要提供公平公正的社会生活环境，并使新居民能享受区域提供的基本公共品，促进新居民与当地社会的交流与沟通，建立高效的沟通渠道。

对新居民而言社会保障主要有养老保险、医疗保险、工伤保险三种。养老保险的推进较难，主要有两个原因：一是个人及企业都不愿意参保，大多数地方个人需要支付 8％，务工的新居民收入低，考虑的是目前的生存问题，而企业需要支付 20％，大大增加了企业的生产成本；二是养老保险在部分省际不能流通，其实施需要有一个全国流通的养老金管理模式。从另外一个角度来看，对于务工的新居民而言，其在原籍地还拥有房屋、土地、山林，这意味着他们本身就有养老的保障。所以养老保险可以由新居民自行选择，并不需要强制实行。务工新居民的医疗保险会给个人及企业造成一定的经济压力，因此，其参保率一直较低。看病难是务工人员的一大难题，而以一年为期的医疗保险，对于流动性大的新居民而言也有参保的意义。因此，在这方面政府要加强财政补助力度，降低保费，以确保务工人员能在流入地看得起病。务工人员的工伤率较高，工伤保险应该由政府以行政命令强制实行，并要做到全覆盖。

公共品供给包括：新居民的法律知识、交通常识、公民道德、计划生育等

方面的居民培训;免费的计划生育服务;免费的新居民子女义务教育,增加公立学校的接纳能力,资助开办过渡性质的民工子弟学校;廉租房的供给,在新居民集聚的镇乡(街道)、工业园区设立集中居住公寓,设置夫妻、家庭用房,人性化服务;对于流入地工作居住达一定年限(如 10 年)的新居民,可以申领困难救助、失业救助等社会救助;图书馆、博物馆、公园、社区相关设施等应免费向新居民开放。

政治(社会)参与是实现社会融合的重要途径,也是突破社会排斥的主要手段,又是促进地方政府强化管理责任的制度保证。在村、镇级民主决策中要发挥流入党员、新居民代表的作用,要增加新居民代表在各级党代会、人大、政协、工会会议中的比例,或增设列席代表(人员)、特邀代表的席位,使新居民既有一定的发言权,也有一定的表决权。对于新居民群体中的"自组织"要进行引导,在新居民集居的社区内,要引导、扶持新居民参与各类社区组织、群团(党、工、青、妇)组织,扩大新居民社会参与的路径与规模,保持与原住民良好的沟通互动渠道。

三、文化融合政策:文化培训及交流平台

文化融合的指向是原住民、新居民产生共同的信念,即共同为区域的繁荣发展而努力。政府应通过对新居民在流入地历史文化、风俗、语言、生活方式等方面的培训,让新居民了解区域内的文化底蕴,使其能产生对区域文化的热爱,激发其强烈的区域归属感。流入地政府应该搭建各种平台来促进文化融合,举办原住民与新居民共同参与的文化交流活动,如文娱体育比赛、新居民流出地文化展示等活动,来构建互动交流的平台;要求各类媒体多进行正面的宣传,让原住民了解新居民,在部分媒体中建立新居民的专版,介绍新居民的精神风貌与其原籍地的风土人情;成立和谐促进的协会组织,由新居民与原住民共同参与,来强化彼此的交流。

第四节 地方政府的公共能力与路径创新

当然,要解决共建、共享和共生、共荣问题,还要研究地方政府是否有能力全面实施新居民的系列政策。这就涉及对政府公共能力的考察。这一公

共能力主要包括两个方面,即管理能力(管理绩效)与财政能力(财政投入)。随着大规模的新居民流入,其人口数量已经与本地居民数量相等,乃至超过了本地的居民,这对于政府的管理能力及财政能力是一种极大的挑战。面对这种挑战,地方政府需要在实现路径上进行创新,以符合管理需求。路径创新包括以下三个方面。

一、管理体制的创新

在新居民的人口超过原住民的情况下,需要有一个实体的管理机构来进行全面管理,提供专业化的服务。在新的管理体制中,在区级层面上,区委可成立新居民工作委员会,由区委专职副书记兼任主任,制定管理政策,协调工作关系,并下设办公室,进行统筹协调;区政府下设新居民管理局,协调落实新居民的三种融合政策,提供综合性的服务;在镇乡(街道)和工业园区层面,设立新居民管理服务工作站,作为管理局的下派机构;在村企级层面,配备专职的协管人员,负责信息的采集、反馈和日常协调管理。新居民管理局可以以劳动力市场为主要依托,即以服务新居民的就业为其主要的作用,在此基础上,协调各部门落实其劳动保险、子女教育、维权等方面的问题。在这一管理体系之外,也可以在主要交通场所(车站、码头等)、各级各类劳动力市场设立新居民管理服务工作网络;在政协设立和谐促进办公室,通过对新居民的文化组织、文化协会的培育与引导,开展各种文娱项目,以促进文化融合。

二、管理方式的创新

要尽量应用先进的科学技术,搭建管理的信息交流平台,畅通流入地与流出地、区域内各相关部门个人之间的沟通渠道。信息平台的建立可以大大提高管理的效率,降低管理的成本。在新居民的管理中,以警用地理系统为核心的新居民信息管理系统的建立是政府管理的重要手段。新居民进入区域后,应先到管理服务站或网点登记,建立其个人电子信息档案(涉及籍贯、劳动技能、培训状况、就业经历等方面),审核通过者给予暂时居住证,新居民持此证至劳动力市场获取就业中介、就业培训等方面的免费(或低收费)服务。就业单位接受新居民之后,应将其就业情况在网上申报至新居民管理局。村(社区)协管员、用工单位、新居民个体定期进行信息申报(涉及就业、培训、工资收入、劳动保障、子女就读等方面),确保信息更新。信息系统可以全面掌握新居民的各种信息,为新居民申领长期居住证(取得临时居住证 1 年后)提供可靠的参考依据。此系统还可以全面反映各级政府的新居民事务管理状况,以利上级部门、新居民管理局、工作站全面协调工作。同时,流出地政府可以充分利用现有的电子设备,为流出居民建立相关电子档案(涉及婚姻、犯罪、奖惩情况等方面),接受流入地的信息反馈,并提供新居民在流出地的相关信息,以促进流出地与流入地政府之间的双向信息沟通。输入地与输出地政府之间信息平台的搭建,需要由中央层面统筹部署,不过,通过省、市级政府间的协调,由流出地政府利用现有的设备与网络建立相关信息沟通渠道应该是可行的。

三、实现模式的创新

在解答财政能力的问题上,我们要在实现模式上进行创新,主要要做到以下四个方面:一是多途径、多渠道的资源整合模式,单靠一级政府的力量是很难实现所有的管理政策的,要充分整合市、县(区)、镇乡(街道)、村(社区)各级政府管理主体及用工企业、非营利组织、居民个人等多方面的资源。二是全面统筹、突出重点的模式,新居民政策既要全面兼顾,也要突出重点,在公共品提供中要特别关注廉租房、子女教育、医疗保险、工伤保险等重点难点。三是全面共享、区分对象的模式,新居民的根本权益是一致的,但是应就其自身的特点及为区域社会经济所做出贡献的不同而有所区分。新居民可以分为暂时新居民、长期新居民(工作达 1 年)、技术新居民(有中级以上技术职称,工作达 1 年)三类,对于这三类对象应有针对性地解决问题。对于暂时新居民主要解决就业和基本的生活保障问题,对于长期新居民要解决其子女就读、劳动保障、医疗服务等问题,对于技术新居民要给予一定的激励性优惠待遇,如申请面积较大的廉租房、子女就读优先考虑等。四是全面规划、分步推进的模式,既要做好新居民管理的远期规划,同时要分阶段、分步骤地逐步实施。以廉租房为例,政府除了要整合各类资源外,还要通过逐年有规划地追加财政投入的方式来解决。

附录二 推进城乡景观融合,创建"田园城市"示范区:以新城区南部城郊环境治理与景观融合为试点

在融入新一轮的宁波城市化空间调整中,鄞州的南部新城规划建设要求城区空间拓展模式的进一步创新与城市建设水平的进一步提升。城区空间的拓展所面临的一大挑战是嵌入城区与镇区间、镇区与镇区间农业农村区域的环境治理与景观融合问题。近些年来,随着"三改一拆""五水共治"和新村建设等惠民工程的推进,鄞州全域农业农村的环境与景观大为改善,但相比于远郊的乡村,其城区边缘及近郊的环境治理以及景观反差问题仍然突出,成为城市空间拓展的一大"短板"。农业农村区域作为生态的缓冲带,既是城乡景观的短板,又是城乡绿色发展的生态优势。本文从"田园城市"与"指状城镇化"的理论与实践出发,提出了"全域生态化、生态景观化、景观功能化"的三大理念。为了转劣势为优势,化短板为长板,建议进行城乡全域空间的生态统筹,对嵌入在城区、城镇建成区之间的农业农村资源进行景观改造,将"农地"打造成集"生活—观光—休闲"为一体的"农业公园",将"农居"改造成具有时代气息的"城市田园创意区",弥补城区、城镇生态与创业创新发展空间的不足,形成一个"环境整洁、景观融合、功能互补"的新型"田园城市"。

一、新城区南部空间拓展中的环境与景观难题

城乡环境治理与景观融合一直是城市空间拓展中的一项难题,特别是南方地区很多的新城都是建设在"农田"基底之上的,建成区周边有着大量的农业农村资源,一旦城乡环境治理与景观规划失衡,就会形成一路之隔的"城市像欧洲,农村像非洲"的景观困境。当前鄞州新城区的城市空间正在拓展,规划要打造80平方公里的宁波南部新城,这里同样面临着城乡环境

治理与景观融合的系列问题。

1.城市空间景观的断层困境

鄞州大道以南的首南街道、下应街道等区域已纳入新城的范围之内，其边缘的农业农村景观反差问题将会更为明显地"暴露"出来。鄞州大道以北的新城区域现代建筑林立，整体感强，都市气息浓郁，而鄞州大道的南面则是现代建筑与旧村居、农田夹杂而处，形成了"一路现两景，冰火两重天"的景观断层，城乡景观反差明显。此外，现代化的城区整洁、美观、时尚，更加反衬出农业农村区域环境、景观的脏、乱、差。

2.城市空间拓展的土地约束

从中远期看，南部新城的扩容，若要将姜山镇、云龙镇、横溪镇纳入其中，则嵌入在新城区与这些镇区之间的大量的基本农田以及未列入新村建设规划的村落景观，显然会成为城市空间融合的一个"短板"。从三个乡镇的总体规划图可以看出，镇区、村居"碎片式"地嵌入在"农田"之中，并形成与新城区相隔的大面积"农田""农居"景观过渡带。这些农业农村区域因其土地性质是不能够按照城市建设的需要做出大规模的调整的。这一限制将会成为新城区扩容，以及姜山镇、云龙镇、横溪镇三个镇区形态提升、产业调整的障碍。

3.城市空间膨胀的生态压力

鄞州新城是建于"稻田"之上的新城，在建设过程中，充分考虑了原有的生态"基底"资源，落实了"城在水中、水在城中、绿在城中、城在绿中"的生态理念。但随着城市空间的继续拓展、城市产业的发展、城市居住人口的增加，若按照"摊大饼"式的发展模式继续吞噬周边的农地生态资源，则势必会影响到整个城市的生态质量，所以在发展中还需要探索城市的绿色发展新模式，更多地将原生的生态"基底"资源融入城市建设之中，缓解生态压力。

二、新城区南部环境治理与景观融合中的理念创新与规划建议

"摊大饼"式的城市空间拓展模式是以圈层形式来拓展主城区的空间，

逐渐吞噬周边的农业农村景观，将其改造为城市的形态，以此来推进城乡的景观融合。但是这种空间拓展模式不可能无限制地按照圈层结构完成景观转化。要解决这一问题，我们所需要做的是创新理念，并以此来引导新的城市拓展规划。

1. 理论支持："田园城市"与"指状城镇化"

田园城市（garden city）是 19 世纪末由英国社会活动家霍华德所提出的。这个概念在今天建设"生态城市"中仍然被广泛地沿用。田园城市实质上是打造新型的城乡综合体，将嵌入于城区、城镇之间的农业农村资源有机地融入整个城市规划系统之中。"田园城市"将中心城市与周围的组团城市（次中心）以全域城市化规划进行统筹，保留连接各个"城市"区域的"田园"，使其成为具有城市绿地形态的"生态区""景观区"以及承载食品保障、休闲娱乐等功能的新型城市"功能区"。

基于"田园城市"的理念，国际上的范例是丹麦哥本哈根的"指状城镇化"（finger plan）模式。如图附 2-1 所示，阴影部分为城市的"建成区域"，其空间拓展不是圈层式地层层外拓，而是允许在城市周边保留农业原生景观，形成一个如同"手指状"的城镇化空间布局。国内较为成功的范例是成都市的"田园城市"创建，其形成了二、三圈层"城在园中"、中心城区"园在城中"的"绿色城镇化"图景。

2. 理念创新："生态—景观—功能"一体化的城市空间布局；"全域生态化、生态景观化、景观功能化"三大理念

鄞州长期领跑浙江省的城乡融合发展。在当下全域城镇化的视野中，

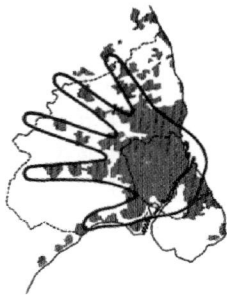

图附 2-1　指状城镇化模式

城镇化不再以"城区"为导向,而是指向以城乡居民的收入、就业、福利水平的均等化为标志的全域现代化。鄞州周边的农业农村,虽然是城市空间拓展的"短板",但从"田园城市"的理念出发,恰恰又是未来鄞州高水平城乡融合发展的优势资源。我们认为,应形成全域"生态—景观—功能"的空间一体化规划,并开展以"全域生态化、生态景观化、景观功能化"三大理念为导向的"田园城市"创建。"全域生态化"指的是充分利用基本农田、林地等原生"基底"资源,将其纳入整个城市化的架构之中。"生态景观化"指的是将这些农业农村的"基底"资源通过生态景观学的方式进行景观化改造,使其成为城市公共绿地、城市公园的有机组成部分。"景观功能化"指的是在景观化的农业农村区域进行城市功能的融合,除承载农产品供给、休闲娱乐等传统功能之外,还可导入城市的创业创意产业,打造一个以"生态与发展相融合"为主题的现代田园创业创意新城。

　　因此,从战略定位上说,我们建议对于鄞州城市近郊的农业农村景观进行改造并将部分创业创意产业导入其中,打造全国性的特色"生态城市"的示范区。未来的"全域城市"布局,要在整个鄞州区范围内进行统筹,联动各个街道、镇区,形成全覆盖的"田园城市"。近期探索与南部区域姜山、云龙、横溪的"生态—景观—功能"融合机制,中远期推进东面与邱隘—五乡的城镇景观融合,东南面与东钱湖的湖景景观、东吴的山水景观、塘溪—咸祥—瞻岐的滨海景观进行融合,形成田园新城的全图景(见图附 2-2)。

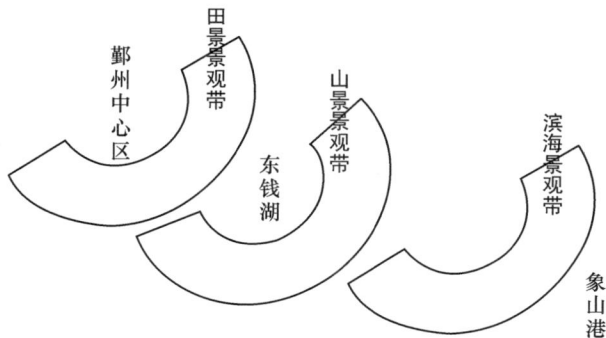

图附 2-2　全域"田园城市"规划

3.规划建议:新城南部区域的"一带、二园—二馆、三核"

本文主要讨论新城区南面区域规划,以鄞州大道南面"绕城高速—沈海高速"所构成的三角区向南延伸至奉化的区域，即姜山镇、云龙镇、横溪镇三个乡镇镇区的中间区域，作为全域推行"田园城市"的试点（见图附 2-3）。之所以选择这个区域：一是其与新城区距离近；二是中间有甬新河流经，水景优美；三是农地连片，适合拓展田园景观，据鄞州区的土地流转信息平台不完全的数据，姜山镇的农地（水田）流转规模在 5 万亩以上，占到全区土地流转的三分之一以上，横溪与云龙合计流转规模在 9000 亩左右，基本集中在这个区域内；四是这个区域是三个乡镇镇区的中间景观过渡区域。

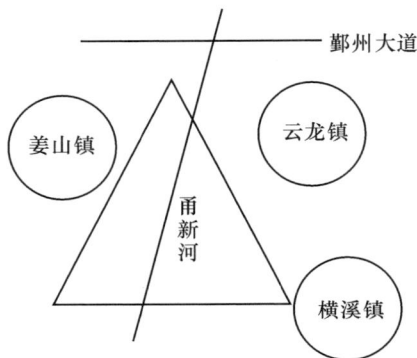

图附 2-3　"田园城市"重点示范区建设

我们团队以骑行的方式，重点考察了这个三角区，并赴相关部门以及乡镇、行政村调研。在此基础上我们认为，当前在城南的"田园三角区"区域进行田园城市的首期试点，已经具备相应的条件。我们建议将这一区域规划为城市田园公共绿地（鄞州田园公园），分成三期拓展：（1）第一期"绕城—沈海"和陈定路围成的三角区域，结合城区内的沧海、康谱园的农业园，拓展到井亭村，打造城市"农田湿地"，成为第二个"鄞州湿地公园"，为中海国际社区、中海雍城世家等周边社区的居民以及城区居民提供休憩、散步之所。（2）第二期是陈定路以南陈鉴桥村区域到丽横线，打造农业现代都市田园的休闲观光园，导入农业农村的众创模式，形成城市"田"园—市民"乡"园—农民"家"园—创业"新"园的四位一体的现代化"都市田园"。（3）第三期是丽横路至奉化边界。

相比较成都等区域的实践探索来说，鄞州的田园城市要更加突出城市田园的"都市"时尚气息。具体可以开展如下的建设规划。

一带：甬新河流域的都市田园"生态水廊道"。

甬新河从城区贯穿此三角区域，河道宽阔，水质优良，是城市中不可多得的水廊道资源。建议在甬新河现有的河堤廊道以及主要的支流廊道基础上，完善游步道、骑行道，设置田园观光区，使其成为整个"田园三角区"的水景廊道。中长期，推进甬新河流域全线的景观再造，将新村建设（美化）与农田景观打造有机地结合，形成一条都市田园"生态长廊"，成为"五水共治"的长效典范。

二园一二馆：城市田园需要融合生态、人文的双重景观。建议以"农田"为创意空间，进行田园的景观美化，使其能够具备有别于一般乡村的都市田园创新创意气息。如日本的"越后妻有"地区，导入了艺术家的农田景观创作，使该区域的景观具备了现代化的时尚气息。

（1）农业（田园）公园（城市田园绿地）：对于三角区内的农业基底资源进行景观美化，将其打造成城市的田园绿地（公园），成为城市周边居民休憩、锻炼、游玩之地。同时，从城市形象上说，则可以形成沿河农业景观带、绕城公路景观带、沿铁路景观带，提升区域的生态文化品牌。

（2）现代农业众创园：现代田园城市建设需要导入创意元素与创意机制，以创意提升活力，以创意降低成本。建议与浙江大学、浙大宁波理工学院共建"都市农业众创空间"，在提升城市田园的景观化、市场化、产业化的同时，推进宁波（浙江）地区的现代农业发展，推进农业创新企业孵化。

（3）水稻博物馆（粮食博物馆）：鄞州作为重要的粮食产区，在水稻种植的产量、技术等方面居于全国领先。建议建立具有区域特色的水稻博物馆，展示鄞州水稻种植领域的创新成果；与浙江大学等相关研究机构合作，建立水稻研究中心；推广粮食安全与稻米文化。

（4）乡愁记忆馆：展示鄞州城市化推进的历史与"田园城市"的规划图景等。

建议将位于"三角区域"中间区域的姜山镇陈鉴桥村的"陈磬裁故居"改建成"田园城市"田园创新综合体，内设水稻博物馆、乡愁记忆馆以及众创空间，使其成为"田园众创"新地标。

三核：这是指姜山、云龙、横溪生态小城市（城区）。

配合三角区域的景观与功能再造，姜山、云龙、横溪的城镇功能可以随之拓展，对产业结构进行有效的调整，使之成为鄞州新城区的"次居住区、次产业区、次创业区"（组团城市），由三角"田园"区域的创新，打造南部区块连片的"田园城市"示范区。

三、新城区南部空间环境治理与景观融合的近期举措

在田园城市的建设中，环境治理与景观美化要同步进行，以保持农业农村区域景观化的长效机制。从近期来说，以新城区南部空间作为试点，从规划引领、机制创新入手，重点开展甬新河河廊的美化以及井亭村—陈鉴桥村区域城市"田园"公园的建设。

1. 规划先行：联合科研—规划单位进行城市"田园"公园的规划

与浙江大学以及浙大宁波理工学院的相关科研机构合作，进行深入的研究，完善示范区"田园"公园以及全域"田园城市"的规划。田园公园的打造，具体规划要注意五个方面的问题。

（1）生态化：尽量保留农业农村的原生景观，尽量保留原有的生产—生活场景。

（2）时尚化：景观营造上融合都市新锐、创意、时尚的元素，与城区景观保持融合。

（3）本土化：景观上融入本土特色的人文与艺术，彰显区域的特色。

（4）功能化：将城市的部分活动引入该区域，为区域未来的创业创意产业的导入预备空间。

（5）低成本化：尽量推进低成本的景观改造策略，改造上要有别于一般的市政项目绿化，以创意性改造为主。

2. 完善机制：区、镇、村三级的建设与管理机制

城市田园公园，不同于一般的城市绿地公园，其是集生产、生活、观光、休闲、创业于一体的复合区域，所以建设与管理上要区、镇、村三级联动。区级要建立田园城市建设的专项领导小组，按"区级统筹、镇级管理、村级经营、社会协同"的模式有序推进。

要将城市田园公园建设纳入市政项目范畴，对于景观美化、廊道建设等项目，予以公共财政的全面支持。在土地流转与农业景观引导上，要发挥农口部门的业务优势，给予农业发展基金项目的补贴以及业务指导。建立区级生态补偿的专项基金，对于土地流转以及按要求经营的农户进行适当的奖励与补贴。适当引导企业和其他社会力量参与农业公园的建设，以生态

基金、冠名基金、田园认领、公益智库等方式，促进社会力量的协同。

3.廊道美化：甬新河两岸廊道的贯通与景观美化

目前鄞州区正在推进 22 条美丽公路的建设，使其成为贯通城乡的景观廊道。参照美丽公路的建设模式，对于甬新河两岸的游步道、骑行道、机动车道进行贯通并推进两岸的景观美化，使其成为城市"田园"公园的主体核心廊道。

4.近期试点：井亭村、陈鉴桥村的城市"田园"公园项目试点

重点围绕姜山镇井亭村与陈鉴桥村，打造 4000 亩左右的开放式城市田园公园。

井亭村所开展的是浙江省的农村土地综合治理项目，已经完成第一期的新村建设以及土地复垦，村级的基本农田在 1600 亩左右，分布在甬新河两岸，具有连片的优势，目前尚未开始土地集中流转。建议以区、县两级政府联合，推进以村级股份经济合作社为经营主体的土地集中流转，引导、鼓励以水稻种植为主，打造连片的农业产业景观，以区、镇两级的财政配套，以低成本改造为原则，结合甬新河两岸的美化工程，在农田区域内建设木廊道以及相应的景观设施（如田园照明、创意景观等）。

陈鉴桥村已经实现了全村的土地流转，由村股份经济合作社作为经营主体，规模在 2000 亩左右，其中 1000 亩流转给青年种粮大户。陈鉴桥村的土地流转与景观基础相对比较好，主要要做的是加大农业创意产业的引导，推进流转区域的农业场景景观化、农村环境的清洁与改造、村落外围的刷白，形成与稻田、农田相匹配的田园景观；区域内陈磬裁故居以及周边空间、环境的改造，先将水稻（粮食）博物馆建起来，逐步考虑众创空间的建设。

中远期可以建立超过万亩的城市田园公园区，使其成为田园城市建设的示范区带，逐步将此经验推广至其他的近郊以及远郊区域。

附录三 关于横溪镇乡村休闲旅游
深化发展的几点建议①

　　"乡村性"(rurality)是乡村旅游产业发展的"核心价值"。从西方国家以及国内乡村旅游的发展实践看,乡村旅游的成败在于"乡村性"的再造,即是否可以打造符合"城市居民"消费需求的"乡村场景"与"乡村体验"。场景的呈示是服从于体验的实现,所以乡村生活的体验是"乡村性"建构的关键。从体验经济的视域看,"乡村体验"包括四个维度:娱乐、教育、美学、遁世。一般意义上的"农家乐",属于"娱乐"范畴,而时下流行的乡村亲子活动则融合了教育的元素,基于"文化"融入的"民宿"则是切入了美学与遁世的超越性的体验。日本的高野山民宿,属于典型的遁世体验。体验也可以是在一个"项目"内多元导入的。此外,中华人文中的乡村所承载的文化使命要远远超过于西方意义上的"乡村生活"的消费,它寄托了"采菊东篱下,悠然见南山"的"文化遁世"情结。横溪的乡村休闲旅游以"古道经济"为出发点,在城市居民自发以及镇政府的引导之下,形成了一定的人流,也有了一定的名气。从中长期来看,还需进一步创新理念,创新机制,深挖文化,拓展乡村休闲的体验内容,增加基于"乡村性"的体验消费。

　　一、战略定位:复兴"大梅山",打响横溪乡村旅游的文化品牌

　　大梅山的辐射面包括整个横溪、塘溪、东钱湖区域,而核心区块则是现在的"梅岭"。"大梅山"是地理名山,更是人文名山。大梅山的禅文化享誉整个东亚的佛教界,其影响力远播海外。大梅法常"梅子熟了"的公案在禅宗的语录中随处可见,无形中成了大梅山不可多得的文化资源。法常之后大梅山传灯不绝,唐宋期间知名禅师有十数之多。如宋代有大梅法英,在宋

　　①　本文在中青班期间合作完成,李锋为主要执笔人。

徽宗抑佛之时，注解《道德经》，获得徽宗首肯，将之编入《道藏》，护持佛教，传为美谈。著名诗僧北磵居简也曾居此弘法。在中、日、韩的佛教史上，大梅山的地位突出，大梅法常的知名法嗣中有新罗国的迦智、忠彦两位"洋和尚"。宋代日本曹洞宗开山祖师道元曾参访大梅山，日本僧人心地觉心在大梅山参学，后在日本开山。20 世纪 90 年代心地觉心传人在大梅山护圣寺立碑纪念。元代高僧无学祖元的禅法远播日本，被称为"国师"。日本有同名的"大梅山"。

横溪的乡村休闲旅游的文化品牌，要配合"一带一路"倡议，从鄞州走向"全国"，从全国走向"东亚"，联合天童山、阿育王山、雪窦山等禅宗名山，推进"禅宗"历史文化名山的打造。"大梅山"的文化资源与文化品牌要深度地挖掘与传播，以护圣寺、保福寺、金峨寺（金峨山属于大梅山文化圈）的禅宗文化复兴为契机，积极导入宁波市的"一带一路"文化交流活动，扩大宣传，推动与海外的交流活动。

——全国性的旅游宣传推介。在国家级的旅游刊物上策划以"寻找禅宗历史上的大梅山"为主题的专版，联合宁波当地媒体推出"大梅山寻迹"的宣传片，拍摄以大梅法常"梅子熟了"公案为主题的微电影。

——加强中、日、韩文化交流活动。联合天童山、阿育王山、雪窦山，开展护圣寺、金峨寺等中日韩的祈愿祈福法会，定期组织中日韩的文化交流。

——举办各类禅文化活动。举办禅茶会、禅乐会、学术研讨会。2000年日本正眼寺山川宗玄长老一年两度参访"大梅山"，除立碑纪念之外，还以"尺八箫乐曲"拜祭大梅法常禅师（尺八由心地觉心禅师从南宋时的杭州传入日本）。另外也可以在日本继续寻找"大梅山"的法脉传承，建立相应联系（如普化正宗明暗寺），举办尺八禅乐会，召开大梅山、大梅法常的学术研讨会。

二、文化资源：以"梅"为缘，将优秀中华传统文化资源融入横溪乡村休闲旅游

大梅山要做好"梅"的文化。大梅山的梅文化可以涵括中国传统文化中儒释道三家的意涵。

——儒家文化资源："梅"具四德。梅花的传统"意象"中包括"元、亨、利、贞（易经）"四种德，而这四德一一对应儒家"五常"之中"仁、礼、义、智"的

"四常"。相对应的文化资源是明初学者黄润玉所创立的"南山书院"、长街进士第王家大院、大梅山区域的古村落（氏族），由此展示整个江南地区（横溪）"带经而锄"的耕（樵）读文化。

——道家（隐逸）文化资源："梅"福修仙。梅福的传说甚多，传说流布的区域也较广。梅福之所以被后世尊崇，主要是其既开创了中国文人的隐逸风气，同时还体现了"为忆西京梅子真，人言羽化匪沉沦"的道家生命智慧。相对应的是整个大梅山（金峨山）的山水形胜资源，以及梅龙潭、梅仙岩、梅福祠、酒埕岩（八仙信仰）等自然人文景观资源。

——释家文化资源：梅子熟了。"禅家开道场，为说梅子熟。"大梅山的开山应该是大梅法常禅师在唐宋之后的整个禅宗史上占有一席之地，因此，"梅子熟了"一语机锋也成为"禅悟"圆满的象征。禅宗文化作为中华本土特色的佛教形态，是中华民族文化的重要组成部分，其对于世界的贡献巨大。禅法由中国传到日韩，又由日韩传到欧美，已经成为一种心理调适、人生启迪的精神资源。大梅山作为禅宗名山具备很深厚的文化底蕴。与之相应的资源则有护圣寺、金峨寺、保福寺等。

基于上述的三种传统文化资源，可以由此拓展为当代相应的乡村休闲旅游体验。

——儒风：耕（樵）读体验。以古村落、村居等为"舞台"，提供相应的农耕（家）文化体验。农家乐（娱乐、教育）：种田、挖笋、做金团、竹编、吃农家饭（农家小吃）、农家常见动植物辨识；农家节庆体验：端午习俗、祭祀、舞龙等传统节庆；书院讲学：南山书院、王家大院、俞氏宗祠等地举办的国学讲座、文化展览。

——仙踪：养生体验。以健身古道为载体，打响"梅仙福地"的生态品牌，联合各类户外运动协会、健身协会等开展各类活动，同时，进行科学运动的普及与教育。在梅福祠、酒埕岩等地，开展道家养生、仙学等的讲座与企业家养生培训班等，传授中华养生智慧，建议建立四明内家拳养生（综合了道家以及四明医家的养生哲学与实践）基地，推广本土的养生智慧。

——禅机：禅修体验。依托于鄞州区以天童山（曹洞宗）、阿育王山（临济宗）为主导的禅宗文化氛围，以金峨寺、护圣寺、保福寺为基地，定期或不定期地举办禅讲会、禅修会、禅茶会、禅乐会等中华禅宗文化的教育与体验活动，增强区域的人文气息，更好地吸引城市白领、社会精英等融入横溪的乡村旅游体验。

三、重点项目:经济效益与社会效应并举,细分市场,分步推进

——古道经济。横溪境内有 26 条古道,其中知名度较大的在 10 条左右。古道经济的市场细分主要有三种形式,这三种形式从体验角度来说是递进的。

(1)健身古道——"梅仙福地"吸氧之旅:传统的古道健身者是游客的主体,其主要基于健身的目的。对于此类群体,要教育与引导其科学登山以及传授各类健身、养生知识,增强其对于横溪古道的忠诚度。

(2)休闲古道——古村农家体验之旅:在健身的人流中,吸引一部分具有消费能力的游客,到周边的古村、居民点等处的农家乐消费,或者采购本土的特色农产品与工艺品。

(3)文化古道——"行古道、走心路"的"古道禅":通过寺院、民宿、文化景点等场景,提供更为丰富的文化体验,如举办文化讲座,联合社会机构举办禅学、仙学(道教养生)、中医的培训班等,将古道与心灵提升相结合。约三五朋友一起登山,走累了,到禅院、民宿,听琴、喝茶、闻香、听讲、禅坐。

——民宿经济。对民宿经济要进行细分,首先从高端的民宿经济来说,其重点是要打响"大梅山"的文化品牌,做好整体性的历史文化名山的宣传推介,以文化品牌吸引人,以文化体验留住人,营造良好的山居氛围,既有天然的山水景致,又有琴音、茶香的人文体验,更有闻道、禅坐的心灵提升;其次,要做好中档的民宿市场,在梅岭、金峨等古村、居民点,尝试性地推进养老民宿项目,吸引周边城镇居民长期或中短期居住;最后,则是要做好以家庭经营为主体的中低档的农家乐。

——农业经济。要规划在古道的周边以及村落边的小型农产品销售点,推进山区的农业发展。另外要依托于"养生品牌"推进补益类中草药的种植与销售,结合禅文化、道文化,提升区域内的茶叶品牌。

——共享经济。政府在做好整体的配套服务之外,还要健全多主体协同——"资本运营、市民创业、农民创业、公益导入"相结合的运作模式。资本运营则是针对投入大的高端项目。而对于相对比较分散的区域来说,要先腾出一些集体所有的房屋、设施供市民(大学毕业生)进行小微企业的创业,如开设乡村茶馆、小食店等,同时还要引导域内的农民创业,开设家庭民

宿、家庭餐馆等。此外，还要利用区域内的社会组织以及社会公益力量导入区域的乡村旅游发展，如诺丁汉大学创行团队的"互联网＋古道推介"，万里学院的农业（无患子）扶贫项目，以及导入读书会、汉服社等定期到各个点开展文化活动。"政府＋镇级的乡村旅游协会＋社会组织"的运作模式，将横溪的各类乡村旅游资源与城镇特定人群建立"兴趣"上的关联，以文化体验＋社交体验的模式，吸引稳定的游客资源，如科学登山群、植物研究群、养生交流群、亲子活动群、禅学体验群等。

附录四　关于新形势推进青年农民创业创新的建议

现代农业发展的关键在于农业主体的现代化。时下新型职业农民成为各级党委政府农业农村工作的重点。纵观当前宏观经济的发展,导向上要从需求侧转向供给侧,就是要从供给端的微观主体的能力提升来带动需求,由供给端创造有效的需求。"三农"领域的各类支持,体现了党和政府对于"三农"工作的重视程度,也给"三农"发展带来了诸多的机遇。而对于供给侧结构性改革的理念导向,要求我们的公共政策也要有所调整。随着财政规模的扩大,农业的财政支持力度也在不断地加大。农业的补贴基本上分为三类:价格补贴,亏损补贴(成本补贴),流通等相关产业链环节的补贴等。但就价格补贴和亏损补贴机制而言,除了不可抗力等特殊的原因之外,过分的补贴会扭曲市场的价格体系,反而会弱化农业经营主体的经营能力,产生对于补贴的依赖。因此,供给侧改革应以提高微观农业主体的经营管理能力作为政策支持的主导方向,从补贴型农业转向能力提升型农业。新型职业农民的培育方式也要有所转化。原农业部推出《关于实施推进农民创业创新行动计划(2015—2017年)》,团中央、原农业部、中国农业银行联合启动大学生返乡创业行动,都立足于推进青年农民的创业创新。

一、青年农民创业创新的情境趋势

党的十八届五中全会明确将创新、协调、绿色、开放、共享的五大理念作为统筹"十三五"发展的指导原则。这五大理念是对于时下以及未来经济社会形势发展的一种研判,农业农村领域的发展要贯穿此五大理念。结合此五大理念,现代农业呈现为三大趋势。

1.体验经济

要将产品型农业转向农场型农业。在消费主义的社会中,产品是以符号的形式呈现的。产品所表征的不单纯是它的物理属性,更多的还有附加于其上的其他价值——生态价值、品牌价值、文化价值等。农产品可以分为低附加值的农产品与高附加值的农产品。从满足度的角度来说,低附加值的产品类似于生活必需品,其价格的需求弹性并不明显,但是在产能过剩的恶性竞争以及政府农产品的价格调控之下,盈利的空间在于规模经营。而高附加值的农产品,类似于奢侈品,价格的需求弹性明显,其所附加的消费符号能够形成高的收益。产品的多元体验,特别是讲好产品的故事,如因打出"励志牌"而成功的"褚橙",提供了产品之外的价值符号。所以单纯的产品型农业难以满足当下农业发展的需求,而是要将产品嵌入"农场",将产品的生产情境、生产者、产品的生产故事等附加的元素,呈现于消费群体的面前,增加体验的多元性。

2.文创经济

要将物质型农业转向文化型农业。在中国的情境中,与任何一个国家相比,作为具有悠久历史传统的农业文明古国,中国的农业是最具有文化的农业。儒、释、道三家主流的文化都可以与农业发生关系。以茶叶为例,茶叶的消费已经不再局限于其口感、色泽等生物属性,而是成为以茶养生、以茶会友、禅茶一味等文化消费。文化与创意成为现代农业的核心价值。文化农业,将农业转向于一种更高层维的精神,乃至心灵的层面,从农家乐的放松休闲到民宿的"遁世""田园"体验,即呈现了这一转向。

3.社群经济

要将市场型农业转向社群型农业。由于社会的变革、家庭规模的原子化、社会关系的疏离,以家庭、家族血缘所建立的亲情关系会被"互联网＋"情境下的新型O2O的社群网络取代。社群网络跨越了人与人之间的空间距离,让人与人之间的关系保持"持久在线",交流随时随地在发生。这种社交朋友圈所形成的新的社会关系,即以"趣缘"为共同价值的社会网络。线上的虚拟空间与线下的社交空间之间是重叠的。农产品的销售可以通过网络超市或者其他的渠道进行。另一种"社群化"的销售形式,即"社交网络＋

农场＋产品"的线上线下营销方式,已见端倪。

二、青年农民创业创新的能力要求

上述体验经济、文创经济、社群经济的三种趋势,对于青年农民的创业创新能力提出了相应的新要求。目前,鄞州区通过认定的新型职业农民共有 520 名。整体来看,新型职业农民的培育尚存在一些不足:一是产业的领域还是聚焦于种养方面,而在农业的文化、创意、休闲等领域的培育相对不足。从管理职能上说,乡村旅游这一块由旅游部门分管,但是乡村旅游应该和广义的现代农业相结合。一方面要将民宿、农家乐等经营者纳入新型职业农民的培育范围内;另一方面,要引导从事种养业的农民学会"跨界"经营。二是从人员构成情况看,大学毕业生的数量占比还不够多,青年农民的学历程度相对较低。三是创业创新方式还是以个体或者家庭式的为主,与城镇创业类似的团队式、协作式的创业创新相对较少。高素质青年农民的培育要成为新型农民培育的一大重点,对青年农民创业创新能力在新形势下要有新的要求。

1.创业思维:企业家精神

所要培育的新型农民应是农业企业家。在走访调研中发现,部分新型农民的意识还是停留在种好地、赚到钱、希望政府增加补贴等方面,缺少企业家的战略意识,对于未来的规划不足。他们懂技术,重销售,但弱管理。他们的创新创业并没有形成现代意义上的商业模式,难以移植,拓展合作困难。而企业家精神在于具备现代的战略意识与管理能力。

2.创新能力:文化创意能力

新型农民相对学历较低,而不多的学历高的又是以农学、工学等学科背景为主,所以在文化创意上的素养与能力不够。农产品的时尚化是时代的趋势,农产品的体验经济要求多元呈现农产品的功能,特别是其"文化"的意味。当然,此处的农产品是从广义上建构的,包括与农业相关的服务产业,如餐饮、住宿、休闲等。"农产品＋社群活动"的未来市场份额很大,如农场的亲子活动、青年人的交友活动,乃至植入其他形式的读书、聚会等活动,已成为城里人文化休闲的一种重要途径。应以此为基础推介农产品,以及让目标群体识别农产品的品质等。让农业成为时尚，让乡村成为一种新生活方式的新场景，是现代农业的发展趋势，也是青年农民创业的方向。

3.团队能力

青年人的创业以团队化的模式居多，不是单兵作战，团队中的成员发挥着各自的专长。在以规模而非创意制胜的创业模式中，创业者个体可以统筹一切，而在创意化的创业中，头脑风暴、群策群力，显得很重要。团队创业，从能力结构上看是一种互补，从社会资本角度上说是一种整合，可以达到最佳的状态。

三、青年农民创业创新的支持体系

面对现代农业发展的新情境、新机遇，供给端的创新刺激着新型的农业消费，作为农业发展的主体，青年农民必须要有相应的能力提升。政府的公共政策也要有所调整，应从全域现代农业发展的大局出发，科学、系统地部署推进。鄞州现代农业的发展与内陆地区、边远地区有所不同，有其自身的优势。一是城镇化的发展优势。2013年鄞州的城镇化率已经接近70%，远远高于全国的平均水平。鄞州的城乡融合度高，以交通为导向的城镇化发展（TOD）已经让城乡连成一体，乡村领域、农业领域的创业前景广阔。二是外向型经济的优势。鄞州经济具有很强的外向型特征，也代表鄞州发展思维的开放性，使鄞州发展的包容性较强。三是创业创新的资源优势。鄞州的创业环境好，资源多，各类创业孵化园的建设在全国领先。利用鄞州的创业优势，公共政策的支持要突出如下几个方面的重点。

1.全面启动农业农村创业创新人才培育战略

建议建立"十三五"期间农业农村领域的创业创新规划。从政府的公共政策设定上说，要将新型职业农民的培育纳入鄞州全域的创业创新人才培育体系中，使之成为鄞州人才战略的有机组成部分，均等享受相关创业创新政策。此外，还要倡导"大农业"的人才培育机制，从种养领域拓展至涉农的大领域，重点培育创新创业人才。吸纳与引导在甬高校大学生团队参与农村的创业，如组织"生物技术（农业技术）＋管理＋营销＋人文"的组合团队，农科类的重点是技术创新，管理营销类的重点是销售，人文类的重点是文创理念的挖掘，提高农村创业的质量。

2.用城镇创业的服务理念方式支撑青年农民的创业创新

建议在鄞江建立青年农民创业创新孵化园，建立青年农民的创业学院。城镇化的创业创新支持已经形成了较为成熟的理念与体系，这一经验体系应引入农业农村的创业创新人才培育体系中，用制度化、机制化的方式进行系统的农业项目孵化。建议在鄞江区域创建青年农民创业创意实验基地（孵化园），重点打造生态、文化、创意的创业项目，将鄞江的旅游开发与现代农业的发展有机结合起来，形成全国性的农业创业品牌，探索新型的农民创业创新机制。在区级层面建立一所农民创业创新学院。农民创业创新学院的主要工作包括三个方面：一是成立专家智库，组成由专家学者、农业技术人员、农民企业家、专业管理咨询人员等构成的团队，为公共政策以及重点的农民创业项目提供决策；二是联合浙江大学的农商管理等优势学科，对鄞州的青年农民进行集中的创业教育；三是建立鄞州的青年农民创业创新协作网络，开展相互教育、相互合作。

3.推进与农民创业创新相适应的农村综合改革

建议建立以奉化溪口镇为基地的创业创新基地（孵化园与基地共建），进行"村级股份经济合作社＋中介组织（社会组织）＋小微创业创新团队"多主体的合作化创业模式探索。农业的创业创新需要有相应的综合改革作为保障，以土地流转模式为主的土地租赁模式，在一定程度上很难保持经营的稳定性，所以要探索新的机制。一方面，要鼓励属地农民的创业；另一方面要建立以"村级股份经济合作社＋外来农民"的创业创新模式。股份合作制改革推进之后，股权的量化工作已经基本上完成。股权量化后，集体经济的发展模式有待于进一步探索。奉化溪口的优势在于"地名品牌"优势，依托雪窦山景区的自然人文优势，具有进行民宿、观光农业的创业创新优势。建议重点选择3～5个有潜质的村，引入小微的农业创业创新团队，打造休闲村、民俗村、景观村。要建立一个新的机制：村级股份经济合作社＋中介组织（社会组织）＋小微创业创新团队。村级的景区化运作、企业家管理有其自身一定的优势，但是也存在诸如机制不活、项目单一、盈利困难等问题。多主体协同的经营模式，有其自身的特点：小微创新创业团队将自己的创意、社交圈、营销渠道导入区域内，增强了经营的灵活性和项目的多样性、创业性；以政府、股份合作社、农业创业创新的社会组织组成中介组织，进行布局、协调，进行区域公用品牌的营销，指导小微创业个体与村集体以及农户签订合作协议，进行纠纷的调节等，将收益更多地共享于农户以及创业群体。

附录五　新型城镇化必须形态建设与制度建设并重[①]

改革开放初期的城镇化是以"市"围"城"为主,基于区域经济发展而集聚一定数量的产业、人口,形成市、镇的空间形态。进入 21 世纪之初,行政意志主导的以"城"兴"市"模式在全国范围内铺开,城镇的数量与规模不断扩张。这种形式的城镇化偏向于形态建设,并没有很好地解决"人"作为主体的城镇化命题,城镇化的整体效应难以发挥。一种新形态的城镇二元结构随之出现,表现为属地居民与失地农民的权益难以得到有效的保障,同时存在被边缘化的危机。城镇化中以保障农民权益为导向的制度建设滞后于城镇的形态建设,究其原因主要是城镇化推进中治理结构与治理体系的不完善。在城镇化过程中,农民让渡了土地与资源使用权益,但却没有很好的机制保障其共享城镇化红利和平等享有其所能享有的权益,城镇化整体的带动与辐射效应也并不明显。因此,需要城镇的形态建设与制度建设相并重、相协同,保障与维护农民在城镇化中的权益,推进城镇化有序、健康地发展。

一、城镇化中制度建设滞后于形态建设的主要危害

在城镇的形态建设中,地方政府一方面以"土地换社保、土地换住房"的方式结合相对较低的经济补偿,从农民手中置换土地权益,又将土地权益变现为城镇形态建设的土地、资本等要素,另一方面将全域发展指标、财政资源、金融资源、人力资源都导向服务于城镇形态建设,形成一个制度性的"洼地效应"。在这个城镇的形态建设过程中,农民是处于"弱势"地位的,很大程度上是"被动"地融入城镇化,在拆迁安置、征地补偿问题上,接受一个政

[①]　此成果为李锋在鄞州区农办挂职期间与钱孝平先生合作课题,李锋为主要执笔者。

策框架下的"补偿标准"。农民在城镇化红利的分享体系中能够获得的分成极小，在融入城镇过程中，又没有获得有效的政策扶持，存在被边缘化的危机。因此，在城镇的形态建设中，一旦保障农民权益、提升农民福祉的制度建设缺位或者说滞后，则会在很大程度上造成农民权益的损害。这些损害具体表现为如下三个方面。

第一是城镇化权益置换中的"不公平"问题。形态城镇化之所以能够推动，其关键是城镇原住民和农民将其自身的权益让渡出来，转化为城镇发展的资本与要素，但农民在这种权益置换中所处的弱势地位导致了其权益的受损。在这个土地利益链中，政府、企业占到了大头，在城镇范围内，农民获得的补偿额度相较于土地的出让价格而言，只相当于几十分之一，有的甚至不到百分之一。农民的征地补偿标准主要参照《中华人民共和国土地管理法》，以该土地前三年平均产值的 6～8 倍作为基准。土地补偿以及安置补偿费是由集体获得，再进行分配，这种机械的补偿机制，并没有将土地作为一种能获得增值与收益的资产，也未充分考虑对农民失地之后在城镇中的就业、生活等综合成本进行补偿。

第二是城镇失地农民的"权利不均等"与"边缘化"问题。城镇化到底幸福了谁？这是一个值得去深入探究的问题。农民在让渡了土地等权益之后，其居住的环境转为城镇的形态。大量域外居民迁入、企业入驻，他们成为城镇的主体，享受城镇的公共服务、基础设施与现代生活。失地农民聚居在安置型社区，他们并没有获得与城镇居民同等的权益，又受限于观念、素质、能力而很难融入城镇的生活情境，存在被边缘化的倾向。一是农民并不均等享有城镇的公共福利。以社会保障为例，在土地换社保中，失地农民所获得的社会保障不同于城镇职工的社会养老保险，而是失地农民养老保险，标准要低于前者。也就说，在城镇化过程中，被征地的农民所享有的社会保障仍然是城镇内部双轨的社会养老保险制度。失地农民需要自己支付一部分资金，才能获得与城镇职工同等的社会保险。由于社会保险不并轨，失地农民在医疗保险等其他的社会福利方面也不能享受与城镇居民同等的权利。从另一个层面说，基本社会保障是农民作为"公民"所拥有的"自然法权"，不需要也不应该通过任何的权益置换之后才能获得。再退一步说，土地是农民的就业所在，在让其让渡土地权益之后，应该要使其享受城镇职工的社会养老保险。二是就业的权益难以得到有效保障。就业是最大的福利。农民由于长期受到城乡二元体制的影响，享有的公共资源相对较少，并没有受到良好的社会教育,不具备良好的就业技能。承包地对于农民来说并不单纯是一种"财产",还是就业生计的重要保障。在快速推进的形态城镇化过程中,进城农民的就业问题没有得到很好解决。三是在形态城镇化中农民存在被边缘化的问题。在以形态建设为主导的城镇化中,建设城镇的主体是域外人口,建成后居住、就业的主体仍是域外人口,原住居民以及被征地农民在获得土地征用的相应补偿之后,新城镇的设施、机会并不能给他们带来太多的福利,他们逐渐退化成为一个边缘群体。虽然部分人在土地补偿中获得的安置住房相对较多,通过出售、出租等增加了财产性的收入,但这一群体在城镇化的融入中仍存在着很大的障碍,失地农民在城镇化后生活的"机会成本"要高过其他的城镇居民,就业能力差、家庭收入较低、生活观念陈旧等问题阻碍了他们很好地融入新的城镇形态。

第三是新建城镇的"挤出效应"问题。在单纯追求形态的城镇化过程中,一方面人为设计规划的城镇化会导致城镇建设中以及建成后使用与管理的低效率,新城镇形态并没有发挥预期的作用,大量的设施闲置、浪费,同时盲目集聚所造成的环境退化、交通拥堵等一些大城市病的出现,也降低了区域居民的幸福感。另一方面区域内能够整合的资源要素是有限的,这些发展资源要素流向城镇中心区域的形态建设,大量的土地等发展指标、区域性的财政与金融等资源被城镇的中心区域挤占,导致城镇化发展的区域性不均衡。由此可见,这种耗尽整个区域资源要素来"造大城"的城镇化,不仅仅会影响建成区内的失地农民的生活幸福,还会严重影响整个区域内农民共享城镇化福利。

二、城镇化中制度建设滞后于形态建设的内在原因

城镇的形态建设很大程度上没有提升域内被征地、被迫进城农民的福祉,也未能带来全域性的城镇化效应,究其原因是城镇化制度建设的滞后。在城镇化的推进过程中,要强化顶层设计,制度建设必须先行,继而与形态建设并举。而在具体实践中,形态建设先行,究其原因是在城镇化推进中整个"治理体系"上存在一定的缺陷。城镇化相关权益保障制度的缺失或不到位,导致在城镇化过程中农民未能很好地依法享有制度红利。在以行政化为导向的治理结构中,地方政府主导着城镇化的过程,为了完成上级的考核以及在同级政府中脱颖而出,造大城、"摊大饼"的形态建设"异化"为一种最

佳的策略选择。部分地方领导的政绩观偏差，也在一定程度上影响了城镇化中制度建设的推进。

一是在城镇化中农民权益保障制度的缺失与缺位。《中华人民共和国土地管理法》所规定的补贴有土地补偿费、安置补助费以及地上附着物和青苗的补偿费三项。土地补偿费的补偿标准为该耕地被征收前三年平均年产值的 6～10 倍。安置补助费也是以平均产值作为参照的。各地可以按照各自经济、社会发展的具体情况来确定补偿的标准。整体来说，特别是沿海发达地区的标准要超过这一法定标准。这一补偿标准属于一次性的静态补偿，只考虑土地作为农地使用的收益，而没有考虑土地出让后作为建设用地的收益以及建设用地开发之后的收益。也就是说，农民（村集体）在城镇化过程的土地征用中，只获得农地收益的相应补偿，而并没有获得城镇化整体增值的收益。农民在这个征地过程中，只是被动地按照政策体系获得相应的补偿，并没有一个有效的"议价"过程，以确保其能够获得更多的红利。城镇化的制度体系，在很大程度上，并没能很好地保障农村集体产权的权益，农民很难获得合理且长效的收益补偿。在这一制度体系中，从农民（村集体）中获得农地所采用的是非市场机制，而等到获得土地之后则又是以市场机制在运作，获得相应的收益。从平等权益的角度来说，城镇化的相关制度体系本身已经存在先天性的问题。也正是这一城镇化制度的保障机制的缺位或是缺失，导致了城镇化进程中低效率甚至无效率的形态建设的蔓延。农民成为一个游离于整个城镇化过程的边缘群体。

二是现有政绩考核体系下的地方政府城镇化战略选择的偏差。我国的行政体系是逐级考核的，各级按照总量指标进行分解，进行考核，同时，又由同级的地方政府进行竞争。要在短期内出色地完成相应的考核，又能在同级政府中脱颖而出，这是地方政府执政策略的主要考量。在唯 GDP 至上的考核之下，区域的经济指标成为地方政府主要要达成的目标，以投资为导向的形态城镇化是实现这一目标的重要途径之一。政府通过让渡属地农民的土地权益，借用外部市场的资本，用以实现区域内 GDP 指标的提升。同时，在中央与地方之间财权与事权的责任界定上，地方政府承担了区域性诸多的民生需求责任，基于中央政府对于地方政府创新工作的要求，地方政府也有必要增加地方性的财政总收入，以保证有足够的财政资源用以完成区域性的民生工程。在 GDP 与地区民生事权的双重考核要求之下，以形态建设为主导的城镇化成为地方政府"套利"的重要途径，这也成为地方政府热衷于"造城"的主要动力。地方政府不惜一切代价,将区域内的土地等发展指标以及金融、财政等发展资源都投入新城区的形态建设之中。这一系列问题有些是属于行政体制上的治理问题。地方政府为能短时期完成中央的考核任务,将城镇形态建设置于第一位,而忽视了以长效制度建设来切实提升所属辖区内群众的福祉。在保障农民权益制度体系的缺位或缺失的前提下,地方政府为获得自身权益的最大化,选择了以形态建设作为主要的城镇化战略,进而导致了整个城镇化体系与城镇化目标的背离。

三是城镇化中部分地方领导的政绩观偏差。地方政府还有行政的"自由裁量权",在城镇化的进程中,可以有一些自由的政策选择。在城镇化过程中,区域之间的差异性较大,有些地区农民在城镇化过程中获得的收益多,有些则获得的收益少。这些差异很大程度上来源于政绩观的偏差。部分地方领导认为,在城镇化过程中,部分农民获得了很多的好处,如住房条件的改善、房产的增加与增值、基本社会保障与公共服务的获得等,这些都是政府努力的结果。但是换一个角度去考虑,这些都是农民根据自身和集体的产权权益所应该获得的。暂且不论形态城镇化中的投资企业、房产企业所获得红利份额,若进行一些横向比较,购房入户的域外居民所获得的城镇化福利也要优于失地农民。因此,农民共享城镇化红利,绝非是一种地方政府的恩惠,而是还权于民的一种权益保障机制。地方的主政者政绩观的偏差,在很大程度上也导致了形态建设中没有尽可能多地维护农民的权益,使城镇化变成企业家的城镇化、域外居民的城镇化。

三、城镇化中形态建设与制度建设并重的主要思路

在农民权益保障机制不完善的情况下,地方政府为了完成上级政府的政绩考核,偏向于选择城镇化的形态建设战略,以期通过农民权益让渡的形式"套取"城镇化发展的要素。在这个过程中农民始终处在一个被动的状态之中,选择权不大,农民只获得了极少的城镇化红利。城镇建设中形态建设只是一种载体与平台,而依靠这一平台所要实现的是农民的现代化。因此,城镇形态建设必须与制度建设相并重、相同步,要还权于农民,让农民在形态建设过程中能平等获得城镇化红利,保障其权益,进而推动全域性的城镇化。要实现城镇化的形态建设与制度建设并举,应从三个方面去努力。

一是在城镇化的宏观统筹上,要推进顶层设计,重构区域城镇化的制度

体系与治理体系。城镇化是一个系统性的工程，涉及政治、经济、文化、社会、生态的方方面面，但其核心是"人"的权益保障。城镇化的制度体系与治理体系的建构要重在还权于民，藏富于民，切实保障农民的权益，增加福祉。相关的法律法规也应进行相应的修改，重点要突出对于农民权益的保障，补偿、安置的标准都要重新进行确定。在补偿机制上，要充分考虑土地性质转化之后的增值潜力，从整个城镇化利益链中通盘考虑农民在城镇化过程中的红利份额。同时，让农民获得更多的选择权、财产的收益权，除了保障农民市民化的基本权益之外，还要从农民的集体资产的股份权益出发，不是被动接受城镇化，而是主动参与到城镇化之中，通过股份合作、集体经营，形成一种更加持续稳定的"产权—收益"模型。

城镇化的治理体系也亟待重新建构。地方政府盲目进行城镇形态建设是以政绩利益最大化为出发点的，在很大程度上是短视的，是利用农民的市民化来套取农民的土地权益，实现区域性的增长。但这些土地权益的红利并没有握在农民手里，一旦地方政府无地可卖，财政收入减少，则失地农民的社会福利难以长效维持，整个城镇化的进程也会受阻，形成城镇中的新二元结构。在城镇化的治理体系上，要从法律法规的框架出发，杜绝从农民的土地中套利，杜绝盲目造城，切实从保障农民利益的角度设定对地方政府的绩效考核标准。

二是在区域城镇化的形态建设上，要推进战略转向，确立"全域布局与功能补偿相结合"的建设模式。考核约束的内在缺陷与急功近利的政绩追求促使地方政府的城镇化战略锁定在特定区域内的形态建设上。但是就形态建设而言形态建设，这只会是政绩工程、形象工程。因此，从保障农民的权益出发，对形态建设的模式要进行全面的调整。这就要求从全域城镇化布局的架构中来重新定位城镇的形态建设。一方面，形态城镇化的红利要尽可能让更为广大的农民群体享受。在中心城（镇）区的形态建设过程中要保障区域内失地农民的权益，同时也要强化中心城（镇）区所产生与创造的城镇化红利能够让全域范围内的广大农民共享，强化其辐射、带动的效应。另一方面，不能就形态建设而言形态建设，要让形态建设服务于整个城镇化战略，使其成为提升农民福祉的重要载体与平台，要适度地控制中心城（镇）区的指标倾斜与资源集聚，通过新村建设，将形态建设深入到中心村、一般村中去，推行就地城镇化，让一部分农民离土不离乡，降低生活成本与边缘化风险，一定程度上缓解中心城（镇）区过度集中所产生的城市病问题。全域布局将城镇化的集聚效应以更为有效的方式在整个区域内合理地分配，中心城（镇）保持适度的规模，中心村、一般村通过新村建设来改变生产、生活形态，以实现农民的就地城镇化。

在"全域布局"基础上，还要强化"功能补偿"。全域的经济、社会、生态是一个共同体，区域的公共资源是"全体成员"所共有、共享的，不同的区块所承载的发展功能是不同的，中心城镇区块与工业区块占用了大量的全民共有、共享的资源，这些区块的发展要对直接利益相关的城镇内失地农民、原城镇居民进行补偿，同时还要对间接做出贡献的整个区域外围的农民进行补偿，以维持整个区域的发展、资源与生态的平衡。要依靠这种"功能补偿"机制，将中心城（镇）城镇化的部分红利用于推进全域城乡一体的社会保障体系、公共服务体系，提升全域居民的福祉。城镇的形态建设要依靠制度建设将更多的福利辐射向整个区域，实现"以人为本、红利共享"的城镇化图景。

三是在区域城镇化的制度建设上，要推进综合改革，探索"经济权益（经济人）与户籍身份（社会人）相分离"的制度保障机制。全域城镇的战略定位明确之后，还需要经济人与社会相分离的制度建设与之同步，这样才能保障中心城（镇）区农民与外围农民的权益，促进人的城镇化，有效发挥城镇形态的效用。这里涉及的微观群体的制度保障体系与上文提到的宏观统筹层面的制度体系是相对应的。现实中，农民只能通过放弃土地权益获得相应的户籍身份与社会保障，这在很大程度"剥夺"了农民应有的财产权益，同时也阻碍了农民享有城镇化的红利。诚如陈锡文在接受《中国经营报》2010 年 9 月 6 日的采访时指出："法律规定承包地和宅基地、农民的住宅是我的合法财产权益，而社会保障是应该政府给我提供的公共服务，在哪个国家、在哪个地方可以跟老百姓讲，你要获得我的公共服务，你就要拿你自己的财产来换，没有过这种事情。所以这是在制造新的不平衡。"经济权益保留与公共服务共享分属两个不同的领域，我们不能使农民社会保障的获得与土地权益让渡之间形成一个等价的交换机制，农民经济权益（经济人）与社会身份（社会人）必须是相分离的。如果这个问题破解不了，则整个城镇化发展会受到阻碍。从长期看，这个问题还直接关系到社会的稳定。因此，要突破区域性的户籍身份限制，允许农民集体产权股份权益、土地承包使用权益作为一种经济权益被保留，同时可以获得城乡一体化的社会保障待遇，获得与城镇市民同等的福利。这样，农民有更多的选择权，可以根据各自的能力以及意愿，选择就地享受城镇化，或是进城（镇）享受城镇化。

经济人与社会人相分离是需要以农村综合配套改革作为支撑与保障的，要进行农村的土地制度、金融制度等一系列的改革。要推进农民经济权益处置权的城镇并轨，有效探索农村承包地的使用权流转、宅基地的抵押权、农村集体股份转让等农村产权制度改革。

后 记

本书所呈现的是我在宁波市鄞州区委党校工作期间(2006—2019年)，对县域经济社会发展(尤其是基层社会治理)的观察与思考的汇集。

在这十三年中，我除了担任学校的教学、科研工作之外，2006—2007年曾在鄞州区五乡镇项隘村担任农村工作指导员，驻村协助工作，2013—2014年曾在鄞州区农办(新村办)挂职一年，主要协助开展新农村建设工作，2018—2019年担任鄞州区中河街道兴裕社区第一书记，长驻社区开展工作。由此，使我能够成为一线改革实践的观察者、亲历者、参与者。我将本书的研究形式称为"参与式的学术观察"。

我硕士阶段所学的专业是中国哲学。原本到鄞州区委党校工作主要是从事函授班的"哲学原理"课程的教学，初期我也曾从事过一段时间的党建研究。但在基层党校工作往往需要"跨界"。在这个过程中，我从被动适应转向主动学习，由人文专业转向社科方向的研究。我本科的经济学功底在此时派上了用场。哲学的人文关怀，引导我用伦理学的视角去观察、思考问题。经过多年的观察积累及思考写作，逐渐形成了以发展经济学中的"包容性"(inclusive)理念为学术核心的观察视角与逻辑体系。根据"包容性"理念的不同面向，每年有计划地开展相关专题的研究，撰写论文，最后形成了本书。附录部分还收录了部分的资政成果，令人欣喜的是部分建议已经转化为实践。

学术是一个不断求知而建构的过程，是"我思故我在"的永恒过程。本书是我在撰写博士论文之外，对这十多年的工作成果的记录，不敢期待其形成很大的影响，但希望通过以鄞州区为场景的专题研究，能够展现中国特色的县域发展、县域治理的共性经验以及县域发展理念的嬗变过程，对于今天探索共同富裕、乡村振兴能有所裨益。

本书是鄞州区委党校教师科研成果的资助项目。因为在写作、出版期间鄞州行政区划调整、工作调动、内容修订等因素，本书姗姗来迟。本书的出版获得了诸多的帮助与提携。在此,向鄞州区委党校各届领导班子以及同事的支持表示衷心的感谢,尤其向鄞州区委党校原常务副校长杜建海同志在我个人学术成长方面的关心与帮助表示感谢;向鄞州区委党校各个班次的相关学员表示感谢,教学相长,在共同调研、讨论以及论文指导中,我获益颇丰;向浙江省党校系统的同人表示感谢,书中相关章节,曾 4 次获得浙江省委党校系统理论研讨会一等奖,部分成果为浙江省委党校系统的年度规划课题,在互学砥砺中,我的学术观点更加成熟完善;向我的博士研究生导师黄祖辉教授的指导以及卡特中心诸位师友的帮助表示感谢;向浙江大学出版社编辑的付出表示感谢。

李　锋

2022 年 8 月